AZIZ

Les Oranges

Postface de
**Christiane Achour
et Benjamin Stora**

Illustrations de
Serge Kantorowicz

ÉDITIONS MILLE ET UNE NUITS

AZIZ CHOUAKI
n° 184

Texte intégral

© Éditions Mille et une nuits, janvier 1998
pour la présente édition.
ISBN : 2-84205-188-2

Sommaire

Aziz Chouaki
Les Oranges
page 5

Christiane Achour et Benjamin Stora
Les Bruits de la mémoire
page 89

Repères bio-bliographiques
page 95

AZIZ CHOUAKI

Les Oranges

Pour Joar

Les Oranges

Balcon

– De loin ça fait comme un ruban blanc, cerné de bleu en bas, avec des touffes de vert en haut. Et puis c'est poivré, menthe fraîche et jasmin. C'est ça Alger. Brune lascive aux yeux olive, étalant sa blanche langueur au lécher du soleil.

Et moi, j'aime ça, oh oui. Petit matin, au balcon, prendre un bol de soleil direct. Hmm.

Cris d'enfants, la rue bruisse, le petit Krimo, qu'est-ce qu'il joue bien, regarde, regarde comment il te dribble ça, hop, hop, et toc, la boîte de conserves entre les jambes du goal, ilié !! Petit pont, pauvre goal, c'est Hamdane le fils de Moussa le boucher, quinze ans, déjà quatre-vingts kilos…

C'est quoi, ça ? Cette odeur, oui, qui soudain gifle, heureuses, mes narines ? ! C'est la mer, que je vois en bas du ciel, entre le café du Chihab et le kiosque à journaux. La mer, bien sûr.

– N'oublie pas d'acheter le pain, de la viande de mouton pour le couscous et couvre-toi bien, tu vas m'attraper froid. Et tu diras à tata Ouardia, pour la robe, je vais voir, hein ? !

Ah bien sûr, la mer ! Schschsch, indolente et ample, la rumeur de son roulis, schsch… c'est elle qui m'a tout raconté, la mer, dans le creux nacré de son chant.

De mon balcon, la vue est imprenable : les bras de la baie, au loin les ports de Fort de l'Eau, La Pérouse, Jean Bart. Dentelle de noms aux museaux poudrés, aux perruques bouclées, poussière d'Empire, quand la langue pend…

L'espace.

Oh oui, on a essayé d'arabiser, « Fort de l'Eau » c'est devenu « Bordj El Kiffan », « La Pérouse » « Tamentefoust ». Pas facile, après tout ce temps. Deux langues dans l'ombre, cllc, cllc, face à face, qui cllc, cllc, croisent le fer dans la croissante nuit. Cliquetis des lames, cllc, cllc, le vicomte de Bragelone contre Mohamed Benvoyons !!

Hop, quarte, octave, quinte, tierce, tierce, allez en garde, on continue, tierce, tierce quarte. Le duc de Guise qu'on-se-l'aiguise contre c'est-moi-Benali-qui-revenons-de-loin. Clc, cllc, cllc, petits cliquetis toujours cliquetant, normal, coquins cliquetis, des langues, cllc, clcc, éblouissant entrelacs, dans la nuit de, cllc, cllc, normal, toujours.

C'est pour ça que l'autre jour, au café du Chihab, Mouloud :

– Krazatou machina, ramassaoueh mourssouate mourssouate, ou transportaoueh ellaclinique bel'ambulance.

C'est fou une langue, hein ? ! Tu prends un mot, tu le jettes dans les escaliers, il roule tout seul. Comme un œuf, le mot, l'œuf quotidien, qu'on roule, boule dans ses mains, en descendant l'escalier quotidien, roule le mot, l'œuf : bonjour Mme Brahimi ! Il sort dehors, comme un grand, l'œuf, le mot, il en rencontre d'autres, plein plein d'autres, des œufs, des mots, il les épouse, ça tisse des donjons, des princesses aux doigts de rosée, partout, partout.

De l'autre côté ? Aussi ! Chouia kaoua, choukren. Non, non, ça c'est bézef, j'ai dit chouia. Comment ? Allez allez, fissa, khouya, makache ?

Au café du Chihab, Mouloud :

– Tu sais pourquoi nous les musulmans on n'a jamais évolué dans l'industrie ?

– Euh, non ? !

– Parce que les chrétiens ils nous ont volé les pages techniques du Coran.

Mouloud : turf, pétanque, pastèque, pure truffe pagnolienne. Mais de *l'autre* côté... Un Marseillais raté, quoi. Un Arabe aussi, raté, Mouloud, aussi. C'est-à-dire... correspond pas tout à fait. Trop cuit pour ici, pas assez pour là-bas. Entre couscous et béchamel, méchoui et pizza, makrout et meringue.

M'a rendu les mille balles ?... sait jamais avec. Te rembourse pour im-mé-dia-tement te retaper. Ah là là, marchand de tapis de Venise, va !

Ce soleil... ! De quoi devenir dorade, à feu doux, tranches de citrons sur persil et romarin. Mmm.

Mal tourné, la partie de pêche, la dernière fois. Qu'est-ce qu'il lui a pris, mais qu'est-ce qu'il lui a pris à cette barrique de Boualem de faire ça à Kader ? Pure jalousie, parce que Kader, lui, il a monté un gros mérou alors que la canne de Boualem était en panne sèche.

Les hommes.

Pourtant Kader, le pauvre. Marié, bon père de famille, chef d'équipe à la Voirie municipale, normal, quoi. Mais il s'appelle SNP. Sans Nom Patronymique. Ça veut dire que quand il se regarde dans une glace il se voit qu'à moitié. Kader SNP, Sans Nom Patronymique. Joyeux, ça, comme demi-affaire dans la vie. Vous vous appelez comment ? Kader SNP. SN quoi ?

SNP, c'est le nom que donnaient les soldats français aux Arabes orphelins ou amnésiques ou qui avaient des noms trop longs, des jours sans galette. Mohamed ben Abdelkader Ould si Slimane ben Kaddour el Maghnaoui. Ça sent dru la peau de mouton et la bonne crotte de chameau. Mais oh, quelle prise de tête...

– Mon sergent, comment on lui fait à çui-là, le Ben Couscous de que-le dernier-ferme-la-porte ?

– Pas de temps à perdre, allez, cut, cut : SNP.

Kader, le pauvre. Deux dents cassées, lui a donné un coup de poing, Boualem à Kader. Oui, crochet du gauche lifté.

Ça a commencé par comment on écrit : hippopotame ? Avec deux p après le i ? Ou après le o ? À cause de ça, se sont viandés, déballé les vieux sacs, ta sœur c'est une pute je l'ai baisée, salaud je vais te niquer ta mère tu vas voir. Le rouge, le soleil, le coup de poing, le sang. Les hommes.

Au fait, comment ça s'écrit hippopotame ?

Il y a le mot Rien dans algérien, affirmatif. Pourtant il y a aussi le mot Ange. Pas difficile,

Zohra, la petite du dessous, elle a treize ans, des yeux grands comme des mondes. Ignare, oh pour ça, y a qu'à tendre la main. Rie, ça s'est Zomba, du kiosque à journaux. L'autre jour, il se coupe le doigt et il rit, ce con. Galérien, c'est tous. Je crois.

Samedi dernier j'étais chez Ramdane le coiffeur, pour me faire faire la barbe. Je tombe sur qui ? Djelloul, l'avant-centre de l'équipe du quartier, le Chihab, l'ex Red-Star de Maison-Carrée. Oui, simple, Djelloul, il a encore son plâtre, reçu un sale coup contre Sidi Aïch, avant-dernier match du championnat. On y a tous été au stade, tout le quartier, dans le vieux Dodge rouge de Moussa le boucher, son moteur qui pétait de partout, les vis platinées. Et on a chanté, qu'est-ce qu'on a chanté :

« Et l'on disait de tous côtés que le Chihab il est tombé dans le fossé. Non, non, le Chihab n'est pas mort puisqu'il vit encore, puisqu'il vit encore, allez Chihab… !!! »

Que faire aujourd'hui ? Aucune idée, voir venir, tant qu'il y a du soleil. Ce pendentif ? Accroché à cette chaîne en argent ? Oh, c'est rien, juste un souvenir. La première balle qu'un soldat français a tiré, sous le laqué azur de ce ciel d'Algérie. Juillet 1830. Oui, la première balle dont l'écho hante les tympans, jusqu'à aujourd'hui, cachez-moi ce... que je ne saurais... La première balle, elle s'est logée dans une orange, les oranges d'Algérie, oui. Les si fameuses...

Première Partie

– Sept printemps brodent mon âge, en ce juillet 1830. Face à moi, la mer lourde de bateaux, toutes voiles dehors, étendards lys et or claquant au vent. Des soldats au teint de chaux, pillent et brûlent mon douar. En pleurant, j'ai rampé parmi les corps de ma grand-mère, de mon père et de toute ma famille, jusqu'à l'orange et j'ai extrait cette balle. Voici ce que m'a raconté l'orange, avant de rendre l'âme.

« À partir d'aujourd'hui, tu es désigné par le Royaume des Oranges pour établir la légende de ta race. À présent, tu vas me faire le serment que voici : "Je jure d'enterrer à jamais cette balle le jour où tous les gens de cette terre d'Algérie s'aimeront comme s'aiment les oranges." »

Ensuite, elle s'est éteinte dans mes bras, l'orange. Je l'ai enterrée à l'endroit même où le premier pied du premier soldat français avait foulé le sol.

Depuis, je marche pieds nus sur la peau du cercle des ans, tambour des saisons bien chauffé. Guide de caravanes, bonimenteur de souks, musicien-magicien, colporteur, je danse de dune en dune, d'étoile à étoile. Cependant que, inexorables, les conquérants tissent la toile de leur puissance sur tout le pays, églises, écoles françaises, garnisons, communes mixtes, bureaux arabes, la Bible ombrant le Coran…

Mais partout où je passe, chaque brin d'alfa, chaque oued desséché, chaque rose des sables, chante la mélancolie d'avant. Ce chant se trame d'odeurs de thym et de benjoin. En traversant les gorges du Chélif, les branches des grands oliviers, les vergers de la Mitidja, les cuisses des toutes jeunes filles, le vent se charge de charrier, de grossir, de tanner ce chant, qui est devenu fort à présent et qui a enfin fait sa première dent.

La voici.

Mélancolie changée colère. Les cafards arabes redressent la tête, au fond de leur regard rutile l'or de leur gloire.

Le fil de l'aube tranche le voile de la nuit.

Visages burinés, vingt mille cavaliers et plus de soixante mille fantassins, surplombant la plaine, en silence. Les fusils et les sabres claquent sur les harnachements de cuir brodés. Nimbé de grâce, l'émir Abdelkader fait sa prière avant la bataille, « Le paradis est à l'ombre des épées » le Djihad flamboyant va derechef incendier les âmes des guerriers arabes. Montagnac, officier de Bugeaud :

– Voilà mon brave ami, comment il faut faire la guerre aux Arabes. Tuer tous les hommes jusqu'à quinze ans, prendre toutes les femmes et les enfants, les envoyer aux îles Marquises ou ailleurs ; en un mot, anéantir tout ce qui ne rampe pas à nos pieds comme des chiens !

Trrrt, trrrt, oyez, oyez ! Trrr, avisssse à la population, avisse à la population, trrrr, une prime est offerte pour chaque paire d'oreilles d'Arabe non docile, un douro la paire !

La plus grosse prise a été estimée à cinq cents paires, remises en gage d'hommage à Bugeaud. Ventre affamé n'a point d'oreilles.

Le général de Saint-Arnaud, 18 juin 1844 :

– Je ne laisserai pas un seul arbre debout dans leurs vergers.

– Mais, pourquoi, Saint-Arnaud… ?

– Ni une tête sur les épaules de ces misérables Arabes.

– Attends, je vais te dire un truc, là…

– Je brûlerai tout, je les tuerai tous.

Ou là là, nerveux, le Saint-Arnaud, pas moyen de discuter ? Même pas deux bières ? Non ?

Tu me diras que les Arabes aussi. Pendant des siècles, le monde a gémi sous la lame de l'islam. O.K. j'ai rien dit. Pas de justice, alors ? Chacun son tour ? Faut faire la queue ? Comment ? Faut d'abord s'occuper de Vichy ? O.K., on fait la queue, on fait la queue.

Oui, vingt mille cavaliers et soixante mille fantassins serrés comme un poing, prêts à fondre sur les troupes du lieutenant Jabert.

C'est moi qui ai suggéré à l'émir la tactique de la bataille. Envoyer une escouade de cavaliers faire diversion jusque sous les remparts, les faire sortir du fortin. Tombé dans le piège, Jabert, il lance toute sa troupe à la poursuite des cavaliers. Et nous, du haut des crêtes on voyait de loin les ailes dégarnies, sans défense. C'est là que les sabres ont frappé foudre, Allah Ouakbar, la plaine écarlate, la terre s'abreuvant, goulue, et indifférente, de tous les sangs.

Ce soir-là, l'émir a ordonné des réjouissances en mon honneur, fantasia ocre et virile, joutes poétiques. Mais j'ai le cœur automne, le serment des oranges, la balle. Non, pas le moment, pas encore, attendre avant de l'enterrer. Les hommes de cette terre ne s'aiment pas encore comme s'aiment les oranges.

La croix féconde de force le croissant. Viol à géométrie variable, le croissant ploie, ondule, visqueux et revêche.

Dans tous les marchés du pays, entre deux touffes de persil et une botte de poireaux, se passe le mot, l'œuf, oui, qui roule boule. Chaud dans les mains, se passe l'œuf le mot, quotidien, quotidien.

Ça commence par désobéissance civile, gentil au début. Après, c'est subversion, et puis, si ça marche pas : allez on devient con, c'est le maquis, les attentats, le croche-pied, le lance-pierre, n'importe, n'importe, pourvu que... Œil pour dent, oreille pour nez. Le premier qui... eh ben il se fait l'autre.

Pourtant, Tocqueville :

– Autour de nous, les lumières se sont éteintes. Nous avons rendu la société musulmane beaucoup plus misérable, plus désordonnée, plus ignorante qu'elle n'était avant de nous connaître.

Bien, Tocqueville, prends un verre, c'est pour moi, si, si !

Mais, Victor Hugo :

– Nous devons garder l'Algérie, car nous lui apportons la Civilisation.

Qu'est-ce qu'il lui prend au Victor...? Rien compris ? Courte vue ? Maupassant lui, il a pigé, dès qu'il a mis le pied ici. Que, non, faut vraiment pas se raconter de salades...

Trop tard, la mèche a pris, elle court, myriades d'arabesques, court dans le pays, ça prend, ça prend partout, là, là. Trop tard, la balle. Tu as beau faire ce que tu veux maintenant, tes enfants et les enfants des enfants de leurs petits-enfants tètent déjà au sein de l'équivoque. Çà et là, des millions de mèches brillent, firmament en silence, se passent l'œuf, le mot.

Même si l'émir Abdelkader s'est rendu, même si le général Pélissier a fait enfumer dans une grotte les huit cents membres de la tribu des Ouled Rhias. Même si.

Un qui tombe, dix qui se lèvent. Peux pas lutter.

J'ai réussi à passer entre les mailles de tous les filets, grâce à mes nombreux masques et aux différentes langues dont ma besace regorge. Courtier en grains alsacien, vendeur de lait maltais, marchand de tissus florentin. Arpentant les marchés à bestiaux, les comices agricoles, les fêtes de villages. Jongleur de visages, créateur et faussaire de légendes inédites, sculptant sans répit, les minutieux détails des contours du serment des oranges. Dont sur ma poitrine, la première dent du chant.

Plus tard, je me suis engagé comme spahi, deuxième régiment des tirailleurs d'Afrique du Nord, à Sidi-Bel-Abbès. La vie de garnison, la Légion des Sables, le crottin blond, les bordels militaires de campagne.

C'est là que je l'ai connu, Mahmoud Sâadi, dans un sombre café maure enfumé. Narguilé, danseuses ardentes aux yeux ambrés, castagnettes en cuivre. Au fond, deux vieilles prostituées, M'Barka la Bédouine, et Keltoum de Biskra. Front tatoué, scaries aux tempes, yeux lourds de khôl, cheveux henné passé. Leurs rires fennec, à dent en or, leur graisse qui scande. Écran bleu pâle, cigarettes espagnoles. Parées et immobiles comme des idoles, M'Barka et Keltoum. Sur leurs doigts osseux, elles font et refont le compte de leurs anciens amants. Parfois elles se trompent, alors elles recommencent. Du matin jusqu'au soir.

Qui aurait pu croire.

Café de garnison, piments rouges accrochés au mur ocre et sale. Vieux fusils arabes au-dessus de la porte d'entrée, sous la main de Fatma.

Que Mahmoud Sâadi…

Devant mon thé, chaleur molle, Mahmoud

Sâadi est en face de moi, visage princier, regard clair sous son turban à cordelettes noires. À un moment, je lui propose une partie de ronda. Les cartes délient les âmes, dit-on. Sa voix claire et fraîche d'éphèbe nubile. Arabe parfait mais sans poussière, donc suspect.

Mahmoud :

– Quand on vient de Touggourt vers El Oued, au crépuscule, on les voit de loin, les mille coupoles, réverbérant l'orange du couchant... parfois c'est tellement aveuglant... tellement magnifique... !

Quel âge ? Dix-sept ? Peut être dix-huit ans, pas plus ? Quelque chose de tenace et de précis aiguise mon soupçon. Je ne sais pas quoi, mais... quelque chose chez lui...

À ce moment rentrent deux soldats, un grand Turco, sous-officier et un maréchal des logis, un Noir. Le Turco se prend les pieds dans le burnous de Mahmoud, et tombe par terre. Fou de rage, il s'en prend violemment à Mahmoud qui...

Ses yeux apeurés, deux bébés perdrix, sa poitrine haletante, tout de suite compris :

– Oh là, soldats, paix sur vous. Kahouadji, une tournée pour ces messieurs, et prières sur le prophète. Tu m'entends, Turco ? Calme, là, hein ? ! Ça y est, on se tient tranquille !

En fait, Mahmoud est une femme, déguisée en homme :

– Je m'appelle Isabelle. Isabelle Eberhardt. Je suis née en Europe, mais aujourd'hui, je suis musulmane et arabe. Je sais, ça doit faire… beaucoup, à la fois… mais c'est comme ça. Pour… cette tenue d'homme ? Je me sens plus libre cachée, c'est paradoxal mais ça me convient, à chacun sa part du Mektoub.

Isabelle Eberhardt, l'Amazone des Sables, Mahmoud Sâadi, venue traverser le miroir, s'envelopper bannière verte de l'islam.

On a papoté philosophie, poésie, discuté de la déroutante métrique du vers arabe. Longtemps commenté ensemble, oh oui, cette parabole soufie : « Le cercle parfait est celui dont le centre est partout. » Ça veut dire… que… ben on peut toujours essayer, hein ?

– L'unité du Tout, c'est la somme de ses parties ! Oui, mais si l'Unité comme ipséité articulatoire constitue elle-même, par la sémiurgie ontologique de sa transversalité, une partie, Quid du Tout ?

J'aurais dû l'en empêcher, M'Barka la vieille prostituée, quand j'ai vu son corps massif et replet s'avancer vers nous et prendre la main d'Isabelle pour lui lire l'avenir. Oui, j'aurais dû.

Arrivée à la ligne de vie, M'Barka a poussé un cri et a fait tomber un verre d'eau sur le burnous d'Isabelle. Puis elle s'est enfuie en se griffant les joues, des versets du Coran sortant de sa bouche en désordre. J'aurais dû l'en empêcher. Je connais bien M'Barka, qui a couché avec tout ce qui peut ressembler à un mâle, dans les environs. Je sais aussi la justesse de ses prédictions. On dit souvent par ici que, certains soirs de pleine lune, la vieille M'Barka couche avec les djnouns, dans la grisaille fauve des buissons. Suivi de chants étranges, ricanements païens, magie et orgie, jusqu'à ce que le soleil libère la nuit.

J'essaie de rassurer Isabelle, mais je sais que la vieille chamelle voit toujours juste.

Changer de conversation, les villes d'Algérie.

Isabelle connaît bien Alger, la Casbah, Hussein Dey, Fort l'Empereur. On s'y est découvert des amis communs, Rosina Menotti une blanchisseuse italienne. Enfant de Naples, elle vit avec Alessandra, sa gamine de quatre ans, rue de la Marine. De la vigueur dans les avant-bras, de la vigueur, la brave Rosina ! Et han, et han, la planche à laver, et han, faut payer les traites, et han, l'usurier portugais, et han, et han, avec le gros savon de Marseille. Brave et pétillante mama dans le soleil d'Alger.

Rosina a lavé plusieurs fois le burnous d'Isabelle.

Le mien aussi, coïncidence ? Linge sale ?

Isabelle connaît aussi Sarah, une amie juive que j'ai rencontrée dans les cafés de la Pêcherie. Une chanteuse, grande rousse aux yeux gris. Elle chante dans les cafés, parfois dans les rues, les fêtes, les soirées de ramadan. Répertoire andalou, trémolo cristallin et rapide. La splendeur de Grenade, Zyriab le musicien, quand les mots d'or éclataient leur miel, jetant leurs épices à la face du ciel, derrière les roseraies, les œillades des éphèbes, les échansons. Oui, Sarah chante tout ça...

Un deux, un deux, un deux !

– Section, halte ! À mon commandement, rompez !

Une section de zouaves en permission fait irruption dans le café. Tintamarre, grivoiseries et lancers de casquettes. À boire, Kahouadji, à boire, que diable !

Plus moyen de s'entendre, on s'est levés et on a quitté le café. Je l'ai accompagnée à son cheval, un bel étalon bai. Juste avant de lui dire adieu... pressentiment...?! Je lui ai dit les oranges, le serment des oranges. Elle a éclaté en sanglots dans mes bras, j'ai compris qu'elle savait, aussi. Puis elle est montée en selle, m'a souri, et a disparu dans un tourbillon de poussière.

Mais non, ce n'est pas ça du tout que j'ai vu, en vérité. J'ai vu un ciel de soufre, j'ai vu l'oued en crue rugir et dévaster la bourgade de Aïn Sefra. Les gigantesques trombes d'eau boueuse arracher tout sur leur passage. Je l'ai vue, elle, comme Ophélie, la belle Isabelle, noyée et souriante parmi les décombres. Morte musulmane et arabe, l'Isabelle des Sables. Comment ça s'écrit, hippopotame ?

Toc toc toc, le nouveau siècle toque à la porte, guerre mondiale, l'Allemagne contre le reste du monde. Je me suis retrouvé dans les tranchées à Verdun, avec Michel, Jean-Jacques, Bernard, mais aussi Moussa, Akli, et Youssouf le Sénégalais. L'honneur de la France.

La deuxième aussi, Monte Cassino, la bataille des Ardennes. Deux fois cité au combat.

– Allo allo, ici Tigre bleu ! Allô, répondez ! Tigre bleu appelle Chameau noir. Delta, Alpha, Tango ! Je répète : Tigre bleu appelle Chameau noir !

Novembre 54, la guerre d'Algérie.

– La quoi ?.

– La... le truc... sans nom, là... ?!
– Ah bon je croyais !

Les hélicoptères, les paras, les fellagas, le Djebel. À Alger, c'est pas trop visible, les filles en robe d'été à pois, sur le front de mer, tramways, hommes d'affaires, costume cravate. Indigènes, burnous turban.

Grande chance, ce travail à la librairie Charlot, l'éditeur, oui grande chance ! Petite administration journalière, livre de comptes, registres. Trop facile pour moi, je lui appris sa langue à celui qui est rentré chez moi, j'ai lu ses livres, j'y ai vu briller l'âme de la gloire. Montesquieu, Diderot, Rabelais, tant de génie... mais alors comment ?

Moi, je le connais parfaitement. Lui, il ne connaît que mon ombre. Car je suis une ombre aussi. L'ombre de l'orange. En plus, ça va, je suis pas trop typé. Sauf peut-être si on s'approche trop près de moi. L'odeur...

Après le travail, j'aime bien flâner rue Michelet ; les belles boutiques, les cinémas, les filles. Pas de problème, je passe, tête d'Européen. Normal, avec mes dix mille visages et mes sept cent cinquante masques... Bon raton, bien net, cartable, lunettes, cravate. Un homme blanc. Circoncis, la Hache d'Allah, la Bague de la Race, le Signe d'Alliance, allez au suivant... !

Derrière mon air urbain, se cachent le chacal, le couteau, et la ruse. Tracts FLN, dans mon cartable. Les donner à Si Mustapha, le responsable de zone. Le serpent a sept peaux.

Tiens, le voilà, juste devant le fleuriste, lisant un journal. Fait mine de pas me reconnaître, comme convenu. Je lui rentre dedans, genre pas fait exprès, comme convenu, excusez-moi monsieur… hop me prend le cartable, c'est rien : ça arrive, au revoir monsieur. Pur billard. A pris le cartable, le mot, l'œuf. Passe à l'autre.

L'autre jour j'ai tué Gino, légitime défense, lui ou moi. Gino était gendarme, il m'avait démasqué, il me tenait en joue, alors j'ai tiré.

Il est mort Gino, le fils d'Alessandra. La petite fille de Rosina, la Napolitaine d'Alger. Elle en a lavé des burnous, pourtant. Le linge sale. Pauvre Rosina. Cette nuit-là, je me suis assis sur le sable au bord de la mer.

– Regardez-moi ça ! En chemise ! Mets-toi un pull sinon tu vas m'attraper une grippe. Aïaiaye ce petit !

J'ai pleuré dans la mer, c'est cette balle qui a tué Gino. L'écho, l'écho de la détonation, la première, oui, tout est là-dedans. Ça se réverbère éternel, va toi prévoir après… Chaos : un battement d'aile de papillon fait tourner le lait des vaches sud-américaines. Chié comme truc, hein ? !

Oui je sais. Avant aussi. Les autres, tout le monde. Mais on est aujourd'hui et je suis moi, hybride chose protéiforme, couscous digital, entre chacal de Carthage et loup des Grands Nords.

Je veux qu'on m'explique. Qu'un putain de quelqu'un vienne juste gentil m'expliquer. Juste gentil, deux bières !!

La célèbre *Brasserie des Facultés*. Profs, étudiants, unis par la bière, c'est toujours soif, toujours l'été à Alger. Ça voltige conceptuel, grosse prise de bec à propos d'Hegel et Marx. M. Bourdier, honorable prof de socio et adorateur de Bacchus, docteur en philo, attends, attends, il va t'expliquer. Silence là-bas, chut, silence, silence. Sa main sur sa vénérable panse, M. Bourdier vide sa chope cul sec, puis rote et déclare :

– Marx a pris la thèse d'Hegel au niveau de l'Histoire et il l'a *renversée*.

Renversée ?

M. Bourdier :

– Hegel a dit : l'Histoire c'est une dialectique entre l'Esprit de la Nature, c'est-à-dire Dieu, et la matière, c'est-à-dire le monde. Marx a dit : d'accord j'achète, mais je change un petit truc. D'accord, l'Histoire est une succession dialectique de prises de conscience. Mais, mais, mais, cette dialectique a lieu entre l'homme et le monde. Marx destitue Dieu pour l'homme. Du grand vice intellectuel, fils de pute, le Marx, hé, comprenez ? En fait, son film à Marx, ça se passe entre l'homme et le monde. Là on voit le bout du nez du trou du cul qui va te chier Staline, capito ? Tic tic boum boum, ah ah ah, allez Champion, panse ma panse, vas-y remets-moi z'en une bien bonne de roteuse…

Belle voltige, tournée générale, Champion, le garçon, tangue avec son plateau plein de chopes moussantes.

Albert ? je l'ai connu il y a longtemps. On se voit souvent, d'ailleurs je vais sûrement le croiser tout à l'heure. Oui, dans un match de foot, on s'est connus, bon goal, Albert. Oh, il a fait du chemin, depuis, journaliste, écrivain et maintenant premier prix Nobel algérien. M'avait envoyé une carte de Stockholm :

– Il est moins important d'être heureux que d'être conscient… à ras de terre.

Mais je m'en fous de tout ça, de son *Étranger*, de son prix Nobel. Bien que ça soit… Non, ce qui me fascine le plus chez lui, Albert, c'est sa manière de découper la pastèque. Au lieu de découper des quartiers, comme tout le monde, lui, non, Albert. Il prend la pastèque à bras le corps et coupe de larges tranches rondes, comme ça chacun il a un peu de cœur.

Par contre, c'est qui le maître des sardines grillées à la plage ? Hein ? C'est bibi !! Ma technique ? Bien les vider, les badigeonner de citron et d'une sauce spéciale, recette secrète. Après, bien faire prendre le feu, attention éviter les flammes ! Revenir aux braises, oui voilà, fff, doucement. Là tu enfiles tes sardines dans des tiges en métal et tu les poses sur les deux grosses pierres au-dessus des braises. Mmm délicieux. Et Albert qui s'en met plein les babines, encore une ? Allez, tiens Albert ! C'est qui ?

Il m'a présenté Suzy, Albert, oh Suzy !

Blonde, queue de cheval, peau rousse, les joues mangées de taches de son. C'est dans la pinède, l'après-midi, grillons soleil, la plage en bas. Son soutien-gorge avec mes dents, mmm... Grâce à Albert, Suzy, faut reconnaître.

Ce qui me... par contre chez lui c'est l'absence de l'autre, là... oui, comment il s'appelle déjà ?

– SNP ?

– Oui, d'accord, mais non...

– Ah ça y est, l'autre ? le crépu, là ?!

– Oui...

– L'Arabe !?

Oui, c'est ça, eh ben niet Popov, dans ses livres, Albert, l'Arabe, que dalle, un petiiiit chouia, mais… ça manque!!! Désolé!?

Tu me diras que… Je te dirais… Oui, la tendre indifférence du monde.

Sartre :

– Car je ne puis être libre si eux ne le sont pas.

S'est fait plastiquer son appartement, à cause. Camus, lui, c'est avec son âme qu'il raisonne, voilà pourquoi il a pas vu venir l'affaire. Mais c'est un pied-noir, donc partial. Normal, on leur a dit de venir, ils sont venus, maintenant doivent partir, la France s'en fout. Dindons de la farce, ricochet de la balle, pas de leur faute, c'est comme ça. Trop tard, ils s'en iront, baluchons et valises sur le dos, agrippés par milliers aux bateaux, serrant dans leurs mains des lambeaux de leur paradis, à jamais perdu.

La vieille M'Barka de la pénombre de son café de garnison. Elle sourit, sa dent en or.

La dernière ligne droite va être horrible, attentats, OAS, FLN, corps à corps, le sang comme unique conversation. Jusqu'au bout, jusqu'à l'Indépendance. C'était pas prévu comme ça… Mais qui peut ? C'est-à-dire que ça aurait pu être… mais c'est comme ça.

Le cercle parfait. Les oranges…

Balcon

– Mmm, soleil comme ça tout le temps, tout le temps. Doivent m'attendre au Chihab, le quatrième pour une bonne belote. Pas d'heure pour une bonne belote. Kader, Mouloud, Ramdane le coiffeur, et moi. Bah peuvent bien attendre un peu.

Tiens voilà le bus, le match s'arrête pour le laisser passer. Poussif et bondé comme toujours, le bus. Et les gosses qui s'accrochent derrière, qu'est-ce qu'il y a comme gosses, mais c'est pas possible : fermez un peu les braguettes, nom de Dieu ! Après tu vas me dire crise de logement ? ! Des fois ils m'énervent, ils m'énervent, mais faut que j'aille jusqu'au bout. Le match reprend.

La balle, les oranges.

Ah là-bas, sur la gauche, une bagnole en panne, c'est celle de Kaddour le caissier du bain maure. Ils adorent ça au quartier, une bagnole en panne. Parce qu'ils se retrouvent toujours à quinze, à se retrousser les manches. Allez ouvre le capot, attends, mets en première, non, mais qu'est-ce tu connais, toi ? C'est la culasse, je te dis ! Non, c'est le vilebrequin, tu entends pas tactactactactactac ? Fermez-la tous, moi je dis que c'est la crémaillère. Et l'autre, Kaddour, qui tremble en attendant le diagnostic, ça va encore coûter bonbon, en plus y a pas de pièces, même au marché noir…

De loin, se dandinant félin, arrive Kheiredinne, le roi de la mécanique, il mange un sandwich. Tout le monde l'a vu arriver, tout le monde s'écarte, normal. En mangeant son sandwich, Kheiredinne jette un coup d'œil au moteur, sans un mot, sans un geste. Il mâche c'est tout. Ils sont tous suspendus à ses lèvres, le mac des macs de la mécanique.

À un moment il parle :

– Mets le contact en appuyant sur l'embrayage.

Sa voix a comme de l'écho, oui tout le monde a entendu : mets le contact. Les choses sérieuses commencent, Kheiredinne, le magicien.

Kaddour s'exécute, il met le contact, mais ça ne donne rien, le démarreur tourne dans le vide.

Kheiredinne lui fait signe de couper le contact. Oh un simple petit signe, index et petit doigt en l'air, t'as intérêt à piger sinon. Tout le monde constate que Kheiredinne vient de terminer son sandwich, il s'essuie les mains sur son jean, et de sa voix calme et sûre il demande une clef de douze.

Mille clefs de douze apparaissent.

Il en prend une, réfléchit une seconde, puis il y va, bordel, contrôle tout, ça y est il est parti, renifle une bougie, scrute les câbles, enlève une durite, l'inspecte, puis la replace. Il prend du recul comme un aigle, puis ça y est... ses yeux s'illuminent, il vient de comprendre, ce que personne n'a compris.

Ça lui a pris trois minutes. Comme un toréador, retenant son souffle, Kheiredinne se relève, fait deux pas en arrière, la clef de douze dans sa main, sa voix claire, et sûre :

– Allez, mets le contact ? !

Kaddour met le contact, tourne la clef et vrr-rom, quart de tour, applaudissement général, Kheiredinne demande le tout petit tournevis, pour la finition. Mille tout petits tournevis. Réglage grande chirurgie, le moulin tourne comme une horloge, Kaddour n'en peut plus de joie :

– Alors c'était quoi.

En souriant de trois quarts, Kheiredinne plonge son doux regard de reptile repu dans celui, glauque et caprin, de Kaddour, heureux :

– C'est rien, courroie mal tendue, faudra la changer. Mais... tu peux encore rouler avec.

Kheiredinne sort une cigarette, mille briquets. Puis il s'en va, en silence, du côté du marché, beau et tranquillement mystérieux, Kheiredinne.

Ah, putain, donne-moi dix Kheiredinne, tu vas voir comment je vais te l'arranger ce pays de merde, va ? !

Ça c'est Alilo, me fait signe, avec sa tignasse rasta, gentil Alilo, son blaster de reggae, son joint de deux kilomètres, ses lunettes noires, gentil, Alilo. Pour vivre, trafique, petites choses...

– Quoi ?

– Hé, descends, viens, regarde j'ai des trucs pour toi, des choses de là-bas !

Sur son bras, des cravates, des appareils photos, des caméscopes, des walkmans, des jeans, des blousons de cuir, des T-shirts. Et dans ses doigts des bagues, des boucles d'oreilles, des montres, des chaînes en or, des ceintures croco. Dans ses poches ? Bouteilles de whisky, cigarettes américaines, parfums, cassettes pornos, Corans miniatures made in Taiwan, téléphones portables, ordinateurs, lampes de chevet, arrosoirs en plastique, drogue, fausse monnaie, cartes de résidence...

Pas envie de bouger, ce soleil...

– Non, merci, je suis très bien ici, on se verra au Chihab, plus tard ? !

S'en va Alilo, vendre ses babioles, fumer son pétard, son reggae dans son blaster.

Le petit Krimo, oh là là, comment, il, hop, fait tanguer la défense...

Grand mystère dans la rue depuis trois mois : quelqu'un a volé la plaque de la rue. Boualem et Mouloud dirigent l'enquête. Qui a bien pu faire ça... ? Quand même !! La plaque de la rue... !!!?

Ouais, les fumées de cheminées de l'autre côté de la baie, les bateaux en rade, le vieux port de l'Amirauté, c'est tout bleu blanc vert rouge. Et le ciel, lumineux, clair, éclatant, un temps à faire la lessive en chantant. Rosina, la Napolitaine d'Alger. Son chant dans les ruelles sépia de la Casbah.

Comment ça s'écrit ...? Deux p, avant le o ou bien... ? ! Le cercle parfait.

Alger jubile sous le soleil, les filles ont des fleurs dans les cheveux, ça va. Malgré, malgré, malgré.

Mouloud l'autre jour au Chihab :

– « Maître ghorab sur un arbre mâanguech
   Tenait dans son foum un formage
   Maître renard par erriha alléché luit tint à
   peu près cette guesra… »

Les épées, les toujours épées, langue à langue, cllc, cllc, dans la nuit, clclclc, toujours, Durandal contre Zulficar, dans la nuit, toujours, cllcllc.

Tiens tout s'arrête, qu'est-ce qui se passe ? Le match s'est arrêté, mais qu'est-ce qui se passe ? Tous les mâles du quartier sont immobiles. Ah, ça y est, c'est Schérézade, qui vient du bout de la rue, comme elle est belle… jambes luisantes et bronzées, ses seins moulés dans une casaca blanche, et sa gueule d'amour… Tout le monde bave et bande, normal, faut la voir, Schérézade, frimousse brune, sourire marine. Elle se dandine, Schérézade, il y a même un oiseau qui l'escorte en virevoltant autour d'elle. Schérézade, c'est la fille de Kader SNP, elle vient d'avoir quatorze ans, il tremble, Kader, faut vite la marier avant que… on sait jamais, une bêtise ou quoi. Déjà assez de problèmes comme ça.

Au fond de la rue, elle bifurque et disparaît. Ouf, la vie reprend, les cris, le foot, les odeurs, les klaxons, la tchatche.

Deuxième Partie

— L'Indépendance est arrivée, corso fleuri de promesses, de rêves de liberté, de justice. Après cent trente ans d'occupation, ça y est enfin, on est chez nous libres. Je crois que c'est le moment, là, hein, d'enterrer la balle ? ! Oui, le serment, les oranges… On a mis les Français dehors, donc ça y est, on est entre nous.

La fête a duré une semaine, à danser comme des fous, à célébrer l'Indépendance. Oui, à deux doigts de l'enterrer pour toujours, cette hache de guerre.

Mais… Que vois je ?

Dans l'euphorie générale, des soldats, des civils, pillent, occupent des immeubles vidés par les Français. Des caporaux se proclament colonels, la préfecture d'Alger est vide, les Français ont presque tout laissé, dossiers, tampons, et vas-y que je te trafique. C'est quoi ce bordel ?

Anarchie arabo-arabe type. Huileuse vérité de l'adipeuse race de la nuit. Quand un Arabe te dit « oui » ça veut dire « non ». S'il te dit « non », ça veut dire « merci », s'il te dit « bonsoir », ça veut dire « joyeuses Pâques », s'il te dit « d'accord » ça veut dire « deux bières ».

Mais c'est toi... qui paye...

Ben Bella, notre président, choisit un chiffre : c'est le chiffre Un, celui du fascisme absolu. UN parti, UNE langue, UNE religion. Le Phallus national s'érige sous la poussée héroïque de millions de bras musclés. Prêts à tout, savent pas les pauvres, han, tirent les milliers de cordages, oui, le voilà qui se dresse, encore, UN, il monte, oui, là-bas en haut, han, han, tirez encore par là-bas, oui, c'est bon, han, le voilà bien brandi UN, qui lèche la voûte du ciel, et qui défie la pesanteur, han, han, parfait, indéboulonnable UN.

Euh... pourtant Mao... euh... avait dit... je crois, hein, je crois, oui il avait dit Mao : ... Un se divise en deux.

– Ta gueule ! On a dit UN !
– Ça va, ça va, pas moyen de...
– Ta gueule !

Oui, Un, le phallus unique, la longue sodomie sidérale commence. Boum, coup d'État, oui, boum, Boumédienne, le dur, l'austère et auguste bâton de la misère du monde. Allez, grand coup de balai, nettoyage de printemps, au boulot. Plans quinquennaux, enthousiasme national brut, ouais, de toute façon où tu veux, quand tu veux, on est avec toi, Boum, ouais.

– Stalinisme arabe. Oui, je suis au courant, mais c'est obligatoire, faut ré-éduquer les masses laborieuses, élever le niveau de leur conscience révolutionnaire, parfaire la productivité pour que les générations futures puissent briller dans le glorieux firmament des peuples libres, au prorata de leur *pertititum vitæ*... !!

Tout le monde y croit, ouais y en marre de déconner, au travail, reconstruire le pays. Moi je suis étudiant à la fac, sciences-éco, membre actif au FLN, le temple du Pouvoir. Et, je suis... alors là, vraiment sans pitié. « La Révolution avant tout », pas le temps, pas le temps, allez, allez, au boulot.

Oui, en avant, les millions de poitrines ouvertes au soleil, à l'assaut des montagnes, des mers, d'un seul chant scandons la marche héroïque du peuple dont l'éblouissante descendance admirera le Grand Œuvre ! Tracteurs, machines à écrire, compas et boulons d'usine : telles sont nos icônes.

Ce que je fais ?

Je traque, j'espionne, je gaffe, je cafte, tout ce qui bouge : colonisés mentaux, dépravés, drogués, homosexuels, trotskystes, tout ce qui déviationne. Surtout les intellectuels, ça c'est mon affaire. Au bout de trois phrases je le sonde laser, et je sais exactement à quel stade le mec qui est en face de moi est infecté par la contre-révolution. Oh me suffit de rien, dès que je vois un jean, un paquet de cigarettes américaines, hop je suis là, salut je fais que passer. Admirant, au passage la belle ouvrage du travail de la CIA, l'hydre fétide de l'impérialisme exploiteur et aliénant.

Sur tout le monde, dans mon immeuble, j'ai des fiches. L'autre jour, Ouardia, la veuve du deuxième, elle écoutait *Yesterday* des Beatles, eh ben ça y est, son dossier est bouclé. Rééducation. Les enfants de ses enfants me remercieront plus tard.

Il y a deux mois, j'ai organisé la chasse aux cheveux longs dans mon quartier. Les flics sont arrivés, et ils ont cerné le Chihab, hop personne ne bouge. Tout le monde s'est figé, qui clope au bec, qui tasse de thé tiède dans sa patte. Immobiles, froids de trouille. Et les flics qui inspectent en silence la longueur des tifs... au pif, reniflant les pédés et consorts. Hé, toi, viens voir par ici. Hein, petit beatnick de pédé d'étudiant de merde, allez dans le fourgon ! Ils ont en pris cinq, ce jour-là, grâce à mes renseignements. Boule à zéro direct et ouverture de dossier : éléments subversifs, portent atteinte aux idéaux et aux valeurs de la Nation.

Oui, monsieur !!

Pour les filles en mini-jupes, tarif spécial : badigeonnage de cuisses avec du goudron. T'en as au moins pour une semaine avant de te l'enlever, ma cocotte.

Ardent dépositaire de la foi et des idéaux, prêt à tout, à égorger les trois quarts de ma race pour une poignée de diamants d'Algérie. Oui tel je suis. Pas le temps, pas le temps, pas le temps. Le président Boumédienne continue son œuvre de nettoyage, main d'acier dans un gant de béton. Rigole jamais, pas le temps, oui il a raison. Pas facile de passer de la gandoura au costume cravate, oh, oui.

Le Conseil de la Révolution : massif compact de képis militaires, lunettes noires, moustaches et dents en or. Impressionnant, mais c'est ça, t'es obligé, obligé.

Appartement d'Alger, obscurité, lampe glabre,

aveuglant le prévenu, le visage en sang. Avoue, pédale de merde. Petit étudiant épinglé dans un terrain vague en train de chanter une chanson de Bob Dylan, ce célèbre juif agent du FBI. Oh oui, qu'il va avouer cette salope, crois-moi, vas-y Mouloud, remets-lui-z'en une louche, allez, éclate-toi. Et Mouloud qui adore ça, putain, cogner ces vermines de pédés de laquais de l'impérialisme, vas-y Mouloud, donne-lui, putain, donne-lui sec, je te couvre.

À moi seul ? Disons deux, trois mille personnes en cabane ? ! Oui, à peu près, sans compter les exécutions, tu es obligé, obligé : regarde Danton, Saint-Just, Robespierre. Et pourtant les Droits de l'Homme... hein ? !

Tout ça pourquoi ? Mais pour les oranges, pardi !

Parce qu'on n'est pas encore un peuple. On est quoi alors, une foule ? Une bande ? Une grande bande ? Pas une horde, non, mais... un troupeau ? Un grand et noble troupeau ? Non, non...

Une foule, disons, une foule composite, tout au plus, tribale : le fils du sous-préfet est marié à la belle-sœur de la femme du commandant de gendarmerie qui, lui-même, est cousin germain de la belle-sœur du ministre de l'Industrie, lequel a épousé, en secondes noces, la semaine passée, la nièce du secrétaire général de... Oui, la sanction du sang, ciselant, petites mains, la trame de la généalogie. Ça circule, articulation de réseaux de chairs, la puissance se distribue, infinis méandres des nervures du système, l'échange de l'or et des femelles. En plus tous du même bled, de l'Est.

J'ai dit : ça c'est pas bien !

On m'a dit : t'occupe, on est obligés.

J'ai dit : d'accord mais quand même, la démocratie.

On m'a dit : attends, attends. Oh tu es un pressé, toi, dis donc !

J'ai dit : je me calme, c'est bon, ça y est.

À chaque chose son espace, d'abord assurer les fondations de l'État, obligé.

Attention !!! Veut voir qu'une seule bordel de tête ! Là, bien, on bouge pas, tous dans le rang, une seule ligne dans le giron chaud des mille resplendissants et glorieux soleils. De la patrie.

Oui, je sais, on passe pas comme ça de la gandoura au...

Comment faire rentrer le marxisme dans ces corps de jouisseurs méditerranéens, capitalistes jusqu'à la racine de leur génome ? Sacré boulot !

Mais je suis prêt, j'ai lu Frantz Fanon, le père des gueux. Bien parlé de ça, Fanon, Peaux noires et Masques blancs, aliénation, déculturation, et tout le toutim. Au plus profond du regard de l'esclave brille l'œil du maître.

Pas facile, la France est partie, après cent trente ans, d'accord! Mais là... hé, hé, ho, ho, c'est quoi ce mouton dans cette baignoire??! Eh oui, un paysan qui habite un trois pièces dans une cité, il met son mouton dans sa baignoire, normal; le rural dans l'urbain, les bœufs *avant* la charrue.

Il y a comme deux trucs qui, cllc, cllc, oui c'est ça, langue à langue, nous y revoilà, cllc, cllc, tout le temps, tout le temps, cllclc, archipels sonores, vigoureuses images d'éternité, les cultures, cllc, cllc, dans l'ombre, toujours, cllcllcc, spaghettis contre tchektchouka, cllc, cllc.

Les Bédouins savent faire des frites, aujourd'hui.

Compliqué, ça, très compliqué, dialectique de grand frichti. Renversé Hegel? En plus en arabe. Le marxisme, en arabe, pour des méridionaux! Pas sortis de la plage du tout...

Un jour un ami m'a dit, sors un peu, vois le pays, parle aux gens, ça va te faire du bien tu verras. J'ai suivi son conseil et j'ai sillonné le pays, en voiture, en bus, en chameau, à dos d'âne et j'ai vu.

Oh oui, j'ai vu la gabegie riant fauve devant la

misère nue. J'ai vu la ventripotente suffisance des potentats de l'État, monarques absolus, gras petits Nérons de province. Et je les ai vus : eux ! Fumer des Marlboro, boire du whisky, s'échanger des dollars, tripoter des putes, des jeunes garçons, des animaux domestiques, des objets…

Je me suis allongé sous un arbre du côté de Boufarik, et j'ai longtemps regardé la balle, j'ai pensé à l'orange, son serment. Y a-t-il un lien entre…?

De retour à Alger, j'ai changé mes yeux, j'ai mis ceux des oranges, les vrais yeux du pays, avec ça on voit clair. Oui je les ai vus, nos dirigeants, oh ils sont si faciles à voir. S'essuyer les pieds sur le drapeau, mettre des glaçons et du Ricard dans le sang des martyrs.

Tout de suite. Ça m'a pas pris longtemps, on parie ? À peine quelques heures, pour craquer sobre et complet. Changement de cap draconien, direction West toute !

J'ai commencé à écouter Dylan, je l'ai trouvé pas mal. J'ai fumé des Marlboro, mm, j'ai mis un Lévy Strauss, super, et je suis rentré dans la résistance, comme avant, comme toujours. Mais cette fois-ci contre nous-mêmes. Contre moi-même. C'est là que je suis devenu peintre, j'ai tout lâché, le cerf-volant de béton…

En explorant les tatouages, j'y ai trouvé des signes, cosmos, saisons, nature. Tout baigne. Mais alors, ça déconne où ?

Un jour, j'ai pris un mètre cube de terre d'Algérie, et je l'ai analysée avec Djaffar, un copain chimiste, qui a un ordinateur. On a déduit que dans un mètre cube de terre d'Algérie il y a du sang phénicien, berbère, carthaginois, romain, vandale, arabe, turc, français, maltais, espagnol, juif, italien, yougoslave, cubain, corse, vietnamien, angolais, russe, pied-noir, harki, beur. Voilà, c'est ça, la grande famille des oranges.

Donc quoi ! Donc c'est faux : UN. Étoile en fracture, autant d'éclats de miroir où chacun s'intercepte et se traque en même temps.

Les hommes, les loups.

Dans le compte tout le monde doit y trouver le sien. Si on en oublie un, tout est à refaire. Mériter la tendresse crevette pour la souvientième fois.

Les contours de l'Algérien type, produit pur sucre de ce régime ?

Couleur préférée : gris ciment.

Musique préférée : chants patriotiques

Littérature préférée : le *Journal officiel.*

Look favori : costume gris, moustache forte, visage maigre, lunettes noires.

Traits particuliers : chique, fume, et boit beaucoup de café. Souvent très agressif, ne sourit jamais, ça fait vulgaire. Ah oui, j'oubliais : extrêmement susceptible : Tu lui dis :

– Excusez-moi de vous avoir dérangé.

Il te répond :

– Ah, tu me déchires ma chemise, ya zébi ? ! Tu m'insultes ma mère ? Ah, c'est pas bien ça...? !

À part ça, toujours le plus grand d'Afrique, le fer de lance de la révolution tiers-mondiste qui triomphera des fourches caudines de l'impérialisme avilissant. .

Plein le casque, tout le monde en a plein le casque. Monopole d'État sur tout. Pour acheter un boulon ? D'abord il te faut remplir vingt-huit formulaires en double exemplaire, ensuite tu attends, mon frère, tu attends, ça manque, pénuries. Donc trafic, et le visage se réagence, le vrai. Celui de la ruse et de la désobéissance civile.

Et je regarde.

M'Barka au-dessus de mon épaule regarde et sourit, en silence. Au-dessus de son épaule, Isabelle. Au-dessus de celle d'Isabelle, Camus. Au-dessus de la sienne, Abdelkader, les oranges les toutes vraies du soleil qui juillet dans les roseaux frais. Oui, on regarde tous, le passage de la gandoura à la cravate.

Un jour j'ai exposé dans une salle, une série de tableaux semi-figuratifs, le Hoggar, la baie d'Alger, des portraits de rues. Les flics sont venus et m'ont embarqué avec mes toiles. Avoue salope, avoue que tes tableaux sont codés, c'est quoi le message, hein ? Berbériste ? Contre-révolutionnaire ? On t'aura, t'en fais pas.

Je suis sorti en sang après trois jours, j'ai marché le long du front de mer. Mon frère m'a frappé, mon sang coule, ce ne sont plus les Français, non, la page est grandement tournée. Non, ça c'est mon frère. Le poing sur le i d'Algérie. Là, O.K., maintenant oui, je comprends.

– Eh ben, t'en as mis du temps...
– C'est-à-dire, je croyais...
– Viens avec nous, tu verras, on se marre comme des fous...

En avant, j'ai plongé, petit peuple, pépites d'amour au cœur du merdier du jour. Rien à foutre du socialisme démocratique et populaire, des surlendemains qui surchantent. Eux : c'est le présent qui pète dru sa joie, vrais gens de viande normal. Soleil, danse, amour, passe-moi le tire-bouchon, football, putain vise la gonzesse, chansons, t'as pas vu le citron, blagues, sardines grillées, des oranges pures. Marinade heureuse, pêcher les oursins à la Pointe Pescade, rentrer repus et rôtis de soleil en chantant dans le bus :

– Allez chauffeur, allez chauffeur, allez…

Et puis un jour, musique classique à la radio, chants patriotiques, mm bizarre, drôle de climat. On annonce le décès du président Boumédienne. Oui, le sexe majeur de la Nation, le puissant soc de la charrue, l'engendreur des races algériennes à venir s'est éteint.

Pression maximale, le ciel semble soudain très bas, on étouffe. Que va-t-il donc advenir de ce putain de pays ? Rumeurs, coups d'État, guerre civile ? ! Par miracle, la transition se passe bien, Chadli devient le successeur, unique candidat, donc vite vu. Tu vois ? Non mais tu vois ? On en est toujours là, le UN, pas encore compris…?!

Tant bien que surtout mal, Chadli fait semblant d'être président, il bredouille l'Ouverture, mais c'est n'importe quoi, un bon mouton bien de chez nous, sur un clavier d'ordinateur. Allons, allons…

Gentil Chadli, mais… tout le monde a pigé, fais ce que tu veux, te fais pas coincer. La corruption décroche le titre d'activité nationale favorite. Un énorme abcès commence à enfler, ouille aïe aïe, touchant tout le pays, grondement tellurique de ras le casque. Puissant et terrible, oui, de colère et de dignité.

J'ai peint ça, un jour, cette terrible résistance, active et silencieuse, dans les simples yeux émeraude de Myassa, une gamine de seize ans, à la Casbah. Pieds nus, morveuse, sale, mais adorablement belle. Comme en 1962, comme en 1930, comme en 1830, rien n'a changé pour elle.

Myassa sera en première ligne dans les émeutes de 88, le pays se décompose, insurrection spontanée, aucun mot d'ordre, à part : ras le casque ! Voitures brûlées, magasins saccagés, sièges du Parti incendiés. À moi seul ? Cramé trois commissariats, un siège du parti, une banque et dix-sept voitures de flics.

Reptiles en formation de combat, la Grande Muette arrive, elle va l'ouvrir, les hélicos sifflent, les blindés prennent position. La Grande Muette l'ouvre, le feu. Plus de six cents morts, la plupart des gosses. Moi, je dirige une barricade à Belcourt, on a mis le feu à un bus et on l'a renversé. Gaz lacrymogènes, grand-mères au balcon nous jetant des foulards imbibés de vinaigre, comme en 54. Se souviennent, les vieilles, oui, se souviennent, comme avant...

Quolibets, insultes, caillasse, fumée, les cris, les balles.

Je la vois encore, la petite Myassa, braver les soldats avec sa petite frimousse. J'ai eu beau lui dire de faire attention. Plus tard, y en a qui ont dit que c'était une kalachnikov, d'autres, un fusil mitrailleur. En tout cas, la rafale lui a éteint son sourire à jamais, tout le monde a vu sa petite âme ailée d'argent, quitter son corps d'enfant et s'en aller tournoyer dans le bleu du ciel, pour enfin disparaître, à l'exact zénith.

Deux p avant le o ? Peut être... ?!

Quelque chose de très important vient de se casser à jamais, tout de suite, là. On vient de broyer sous nos yeux les jouets de notre enfance, six cents morts, l'innocence va désormais se traduire vice civique légal. C'est-à-dire : cercle, parfaitement carré.

Le pays commence à plonger suavement, bordel baroque et glauque, ça devient vraiment officiellement le tiers-monde. Là ouais, ça devient plus clair, on peut causer enfin sérieux, plus se raconter de salades. Ah oui, là d'accord, on peut envisager, juste deux bières... Les Athéniens se sont atteints, les poules ont enfin des dents.

L'œuf, le mot, l'œuf quotidien, le chant, le serment. J'ai repris mes masques, mes langues, mon bâton et mes routes. Constantine, Batna, Oran, Skikda, l'œuf, le mot, roule de main à main, l'œuf, sous le burnous, sous la cravate, le mot roule, allez tiens, passe à l'autre, l'œuf, doucement, fais gaffe, là, l'œuf, doucement, roule le mot, résistance, l'œuf, les oranges, la balle, la poule.

La tendre indifférence du monde.

Cafés populaires, gares routières, gargotes de relais, marchés aux bestiaux. Partout où je passe, chaque brin d'alfa, chaque rose des sables chante la mélancolie d'avant. Ce chant tressé d'odeurs de thym et de benjoin. En traversant les gorges du Chélif, les branches des grands oliviers, les vergers de la Mitidja, les cuisses des toutes jeunes filles, le vent se charge de le charrier, ce chant, de le grossir, de le tanner.

Avec le marxisme, j'ai rejeté l'Occident, bébé avec l'eau, pas le temps, vite, le serment. Le vent vrai, celui de la grande race, humer et suivre. La température mentale du pays vire religion, islam, au ras du texte. La nature a horreur du vide, donc en arrière toute, obligé, comment tu veux faire…?

Levain des misères, ça marche toujours, rhétorique imparable : c'est écrit donc c'est vrai !

Je me suis mis à relire le Coran, les théologiens, la philosophie musulmane. J'ai compris une chose, la civilisation musulmane est morte depuis Cordoue, Séville, Grenade. Après ce n'est que suite de poignards derrière des tentures de velours, vizirs aux sourcils carquois, manigançant les coulisses du palais. Arabiades de tapis volants, oh, il a glissé tout seul, s'est fendu le crâne, le pauvre…

Mais la métaphysique, Dieu, l'au-delà… ?! Après deux mille ans de philosophie, Socrate, Platon, Descartes, Spinoza, rien, toujours rien. Une main devant une main derrière. Comme tu es venu tu pars. Mektoub et bouche cousue.

J'ai laissé pousser ma barbe, j'ai mis une gandoura et je fréquente la mosquée. J'y retrouve des amis d'enfance, Kader, Boualèm, tout le monde est là, ça réchauffe. Dieu rassemble, c'est sûr, que tu sois noir, séropo, zoophile, tueur en série, il y a toujours une place pour toi. Et une kalachnikov, car Dieu a dit : « Combattez-les sans merci. » Ardentes controverses à la mosquée, me suis rendu compte qu'ils ont jamais rien lu, El Ghazali, Averroès, Avicenne, les grands traducteurs de la pensée grecque. Ne parlons pas de la poésie, Abu Nouas ou Omar Khayam…

Mais où est donc Grenade ?

– Elle a chu, mon ami, c'est notre paradis tombé. Aujourd'hui, contente-toi de ce tissu fruste et rude, de cet islam des sources, rocailleux et vindicatif. C'est tout ce qu'il y a... dans le frigo.

Après les émeutes, nouvelle constitution, liberté politique, multipartisme, on croit rêver. Du jour au lendemain quarante-huit partis obtiennent l'agrément. Le PNSD, le PLNA, le WBSG, le CRTA, le FVORA, le DSTRCDU... Mais, de tous les partis, le Front islamique du salut est le plus grand, j'en suis membre actif, responsable de la communication. Là aussi, va falloir mettre de l'ordre, les gens croient que le FIS c'est le bus pour le paradis. Les débats entre nous sont coton. Quelques rares esprits propres, dont moi, croient à la légalité, à l'alternance, aux règles du jeu parlementaire.

Mais, mon ami, quatre-vingt-dix-neuf pour cent sont persuadés que la fin du monde est imminente. Ça devient vite un incroyable fourre-tout, charlatans, illuminés, exorcistes, nouveaux Savonarole, nouveaux prophètes.

Mal barrés, mais bon, c'est ça mon peuple, obligé, faire avec, faut tout reprendre à zéro.

Tout est lié, la grande causalité de l'univers. Je suis chargé de préparer les élections municipales, premières élections pluralistes depuis Nabuchodonosor.

Balcon

Oui, tout à l'heure, peut-être, une petite belote... au coucher du soleil.

Qu'il fait beau !

D'ici, j'entends la mer qui sac et ressac, ressasse sa houle, la roule boule dans ses mains, comme l'œuf le mot, le grain de la mer, parole explosée gerbe d'embruns parfumés. On dirait qu'elle parle, la mer.

Elle *se* parle ?

Antiques souvenirs aux reflets cuivre et jade. Oui, Alger Icosium, cité romaine, cicatrice latine, que tu le veuilles ou non.

C'est quoi ce boucan ?

Ça doit être les voisines en train de se voler dans les plumes. Moucharabieh serti de stridentes insultes, et ton mari il est ceci, et le tien il est cela. Elles adorent ça, s'engueuler sur le palier, leurs gosses cramponnés à leurs jupes. Pas intérêt à t'en mêler, conseil d'ami, t'en ressors pas comme ça, des furies.

Surtout la femme à Mouloud, une fois elle a tenu tête à quatre voisines, avec casseroles, lancer de vaisselle, et tirage de cheveux. Tout le quartier était venu dans la cage de l'immeuble, y a un décès, ou quoi ? À coups de taloches, Mouloud, il a eu un mal fou à la faire rentrer, m'enfin... ?!

M'a rendu les mille balles ?

La tondeuse à la main, Ramdane inpecte la devanture de son salon de coiffure, un tir de l'ailier gauche de ceux d'en bas, la boîte de conserves, elle a juste éraflé le mur, c'est rien Ramdane...

Il est bizarre, Ramdane, il collectionne les paquets de cigarettes. Pourtant fume pas ! ? Paquets anglais, américains, français, africains, indous, n'importe. Il en a tapissé les quatre murs et le plafond de son salon de coiffure. Seul espace libre, les miroirs. Effet garanti, en plus il a un perroquet, un vrai, sur son perchoir, Jacquot, plumage multicolore. Je sais pas de quel pays il vient, mais c'est devenu un Algérois :

– C'est qui ? C'est celui qui te l'a mis. Qui ? C'est celui qui te l'a mis. Qui... ?

Et nous écroulés de rire à chaque fois.

Bouille de percussionniste cubain, Zomba balaie devant son kiosque, il nous snobbe un peu, ces jours-ci. Depuis que son frère, émigré en France, lui a ramené un téléphone portable. Quand on va chez lui pour acheter des clopes ou le journal, il s'excuse et fait semblant de recevoir un appel, mais c'est juste pour frimer.

Et nous :

– Fais voir que je regarde, oh, il est beau, tu as vu ça le progrès ? ! Et c'est… automatique ? !

Zomba, jubilant :

– Attention, putain, ne touche pas ce bouton, tu vas me vider les batteries ! Bon assez joué comme ça, j'attends un appel. Tu veux quoi, des cigarettes, le journal ?

C'est comme ça la plupart du temps, fourrés soit au Chihab, soit chez Ramdane, soit chez Zomba, on se passe les potins du quartier.

Quoi ? Qui a volé la plaque de la rue ? Ben… mystère toujours, oh il y a bien des soupçons, mais…? !

Y en a qui disent Alilo, il l'aurait vendue a un collectionneur autrichien de passage à Alger. Mais j'y crois pas.

D'autres disent : Kaddour du bain maure, pour rouspéter. Pour lui, la rue doit porter le nom de son père, mort les armes à la main, dans la rue justement, à l'époque de l'OAS.

De toute manière, Boualem et Mouloud continuent l'enquête.

La mairie a promis de remplacer la plaque, tu parles, ça fait plus d'un mois. La rue n'a plus de nom. Comme Ulysse. Personne.

Le match continue, le petit Krimo, quelle technique, il danse quand il joue. Les gars du bas de la rue mènent trois à un, contre ceux du haut de la rue.

Coup franc, c'est le petit Slimane qui va le botter, han il shoote de toutes ses forces. Ouh là là, s'est fait mal, doucement petit, c'est une boîte de conserves, le ballon...

Ça c'est Rachid qui rase le mur. Cheveux longs, grosse moustache. Laboratoire chimique ambulant, Rachid, menu quotidien :

– Deux Valium, un joint le matin.

– Vers midi, une bouteille de rouge, deux ou trois joints, plus un Mandrax pour digérer.

Après tu gères l'après-midi doucement, petite série de un Tranxène deux Valium, un Tranxène deux Valium, que tu coupes, vers seize heures, de quatre joints bien bourrés et tu passes au bar. Là, tu envisages clair, salut les gars ça boume ? Ça boume. Ouais, gentil : bière-Tranxène-Valium, bière-Tranxène-Valium, voilà tu restes en ternaire, un deux trois, bière Tranxène Valium, bière Tranxène Valium. Mais vers dix bières, impératif : quatre Mandrax d'un coup ! Comme ça tu régules, tu stabilises, tranquille, trop facile, tu laisses un peu mijoter, feu doux, petit joint par-ci, mitonner, petit Valium par-là, léger, laisse bien le bizness se mixer. Ensuite tu touilles léger, joint, bière, joint, bière, tu te laisses simple aller dans le truc bière-joint, bière-joint, joint-bière, joint-bière, et... ça baigne mec ? !

C'est ça Rachid, vit que dans le virtuel, brave gars, le bougre, adore Joni Mitchell, Hendrix, la musique algérienne.

Doivent m'attendre au Chihab pour la belote. Trouveront bien quelqu'un avant que j'arrive. Moussa le boucher arrose ses plantes devant son magasin, ça sent bon, menthe fraîche, musc. Petite musique andalouse, au fond.

Des fois ramène de la bonne viande, Moussa, surtout le mardi, parce qu'il la ramène direct de l'abattoir. Ces jours-là, il nous fait des clins d'œil de conspirateur, ça veut dire y a eu un arrivage. Il nous donne les meilleurs morceaux, sous la table bien sûr, côtelettes, steak, gigot d'agneau. C'est ça les amis.

Et ce soleil, ah ce soleil... !

Je vois un bout de l'hôtel *Aletti*, là-bas, face à la mer, l'Amirauté sur la gauche. Paraît que Karl Marx, Joséphine Baker, Charlie Chaplin, et plein d'autres ont séjourné là-bas, chapeaux de paille : larges costumes de toile blanche, sandales de cuir luisantes.

Fin dix-neuvième, cosmopolitisme de bel aloi, ambiance viscontienne, une Italienne à Alger, exotiques romances entre deux pétales de lune de ramadan, celles des décisions d'odeurs.

Salons privés, salle de jeux, tout y est stylé colonies, lambris pourpre, feutrés. Anisette, moustiquaires, les belles étrangères, ombrelles, et robes blanches, Pépé le Moko.

Kaddour du Bain maure

Troisième Partie

— Raz de marée islamiste aux élections municipales. Dieu est avec nous, il protège les petits, les gueux. Presque toutes les mairies tombent dans notre escarcelle. Comme des étoiles, une à une.

Allah Ouakbar.

On a dit, çà et là, qu'il y a eu des petites… euh, fraudes, mais… normal, premières élections libres, normal, tiers-monde, normal.

Tu prends tiers-monde dans l'*Encyclopédia Universalis*, et tu vois. De toute façon, même sans tricher, la majorité est à nous, Dieu est imbattable, pas d'outsider possible.

Je prie, je jeûne, les yeux fermés je récite le Coran allez et retour, je suis indestructible.

Je suis un ange.

Gandoura, longue barbe, parmi les nécessiteux, je prends note, je distribue humblement des bénédictions. L'islam comme seul miroir.

Une fois, dans un douar, on m'a ramené un enfant aveugle, j'ai mis ma main sur ses yeux, il a retrouvé la vue. Miracle m'a-t-on dit. Normal, j'ai dit. Oui Dieu est puissant, Il est le roi des cœurs.

C'est ce que me dit Isabelle, là, du haut de son cheval, des dunes souples derrière elle. Oui, Isabelle, son islam-rose-des-sables, sa foi mobile au verbe doux.

Alchimie périlleuse : transformer ce putain de mouvement hétéroclite en un truc politique moderne, voici mon dessein.

Pour ça, j'ai noyauté l'Université que je connais bien, elle est à nous, comités d'étudiants, syndicats, tout est FIS. À part quelques petits salons de petits pédés d'aliénés occidentaux.

Mais ils y viendront, ils y viendront d'eux-mêmes, le propre de la Lumière c'est de manger l'ombre, ça a toujours été comme ça.

Les journalistes et les intellectuels nous détestent, normal, il boivent au bar du pouvoir. Comment ne voient-ils pas que c'est Satan qui voit par leurs yeux, parle dans leur langue, danse dans leur corps, mange du porc avec leurs dents ?

Pauvres âmes égarées, naïves petites brebis qu'il va falloir faire rentrer au bon bercail, à la tombée du soir. Comprendront plus tard, les enfants de leurs petits-enfants nous remercieront, eux.

Ferveur de feu, dans tout le pays, FIS, FIS, FIS. C'est grand et ample, océan d'âmes et de souffles purs, vibrantes clameurs qui brrr, donnent la chair de poule.

Vœu collectif inconscient : revenir *avant* juillet 1830, c'est-à-dire *juste avant* la balle. L'Algérie redevient enfin un vrai pays arabe, gandouras, barbes, claquettes, poussière. Oui, enfin c'était pas prévu comme ça, mais après on verra.

Du mal à contenir nos troupes. Ils veulent tout tout de suite, attends, il y a les législatives, profil bas je te dis, profil bas...

Mais eux non, hystériques, heff, heff, assoiffés, impatients. Du matin au soir, à emmerder les gens, péché, pas péché, péché, pas péché.

Réunions de stratégie, comité exécutif du FIS, mais impossible d'avancer, tout est freiné par la pesante prosodie du célèbre miel de l'arabe liturgique. Chaque idée doit êre enrobée de soixante-douze mille salamalecs, avant, pendant, après. Tout est regardé par l'étroite lunette sacrée du septième siècle béni, oui, société islamique pure, immédiate, pas de place pour les impies, sus aux infidèles.

Mais attends, bordel, attends !

– Non j'attends pas. Oui, tout, tout de suite, comme à l'époque du prophète, prières et salut sur lui et sur les plus illustres de ses prédécesseurs.

– D'accord, mais c'est quoi ton programme, ton économie politique, comment tu comptes inscrire la virtualité de ton identité financière dans… la globalisation technomatique d'aujourd'hui ?

– Euh… le Coran, tout est dans le Coran ? !

Je veux bien, mais… faut bosser, mon ami, je sais pas moi, un peu, lire deux ou trois trucs…

– Non, le Coran, le Coran !

Quelle salade. Mais faut y aller, avancer. Je fais des tournées dans le pays, des meetings, public chauffé à blanc.

Délire mystique collectif absolu, les gens voient des anges, des démons, Koreïch, Pharaôun, tremblent et pleurent en se labourant le visage de leurs ongles noirs, encens, versets du Coran en permanence à fond dans les baffles. La fin du monde, mes frères, tremblez, la fin du monde est proche, gigantesque happening, dragons volants et ogres à sept têtes.

Seule compte l'immédiate et suintante preuve de la ferveur publique. Dieu, regarde comment je te prouve que moi je t'aime !

Mm, c'est bien et c'est pas bien ça.

C'est bien parce que c'est de la puissance électorale active.

C'est pas bien, parce que si ça te dérape, tu sais plus quoi ou qu'est-ce, du tout.

Faut veiller à bien canaliser le râle national.

Excès de zèle, dans les mairies tous les employés sont FIS, barbes gandouras aux guichets. Refusent de s'occuper des femmes têtes nues, ou des hommes non barbus gandouras.

Pas déconner les gars, où ça va nous mener ça ?

J'ai fait des rapports à la direction, mais pas de réponse.

Un jour, à Ouargla, des connards de chez nous incendient une maison, deux morts, une femme et son bébé. Pourquoi, parce que soi-disant c'est une prostituée. Alors là, je demande audience à la grande direction du FIS qui me répond :

– C'est rien, petit incident de parcours, de l'enthousiasme juvénile, ça va leur passer, c'est rien.

J'aurais dû comprendre là, mais j'ai pas compris, là.

J'ai tout mis sur la misère sociale, le manque d'expérience politique, l'analphabétisme, la

France. Tiens oui, ça c'est une idée : c'est à cause de la France.

Comment ça ?

Chut, chut, allez, interrogation écrite, vous avez quatre heures et deux double-feuilles pas plus. Sujet : Quel est le lien entre cette balle et l'apparition du FIS. Allez allez, on discute pas, interdit de copier, sinon ? !

Trop facile on me dira. Non, je dirais ; y a de ça *aussi*.

– Tu as bien dis *aussi*.
– Euh… j'ai dit *aussi* ?
– Ben… ouais ? !

On a le peuple qu'on mérite, ça c'est le mien, faut jamais trop le mépriser, devient vite mauvais, très mauvais. Montre les crocs, méchant, mord tout ce qui bouge : tchape-le ! Encore une fois, allez tchape-le !!

Né dans la guerre, donc seule convivialité vécue. Donc normal ça perdure, ça violence, ça extrême. Passer de Marx à Mahomet, faut le faire, hein ? Mais tout s'équalise dans nos petites têtes d'ingènes. Re-renverser Hegel. Un partout.

– J'ai dit Un ?
– Oui, euh… je crois ? !
– Bon, euh… on verra ça tout à l'heure.

On a toutes les mosquées du pays comme tribunes, et cinq prières jour pour unifier le mental. Le filet de la foi est bien tendu, force d'action maximale. Bonne vitesse de prise, le réseau élabore ses connexions, l'Europe, l'Iran, le Soudan, il prend de la belle envergure, Canada, Angleterre, Suisse, Allemagne, États-Unis, Arabie Saoudite. Fax et Internet, la sève sacrée se propage, digitale, en silence, fourmis fébriles au service de Lui, de la Lumière de Miel, qui bientôt, va venir éteindre ces ténèbres de fange. Partout des frères, des dons d'argent, des conseils, des points de chute, des contacts.

Imposible de brider l'enthousiasme juvénile, milices informelles, traque aux filles sans hidjab, ardent prosélytisme. J'avais rêvé d'un truc, je sais pas moi, plus… républicain, plus Cordoue…

Enthousiasme juvénile : Il n'y a qu'un seul Dieu c'est Dieu, il n'y a qu'un seul Dieu c'est Dieu…

Bon d'accord, mais faudrait peut-être quand même songer à avancer un tout petit peu, là… non ?

De dérapage en excès de zèle, l'image commence à virer, commence à faire peur aux gens.

Premier tour des législatives, bon gré mal gré, c'est le carton, ça y est, la victoire est là, juste après le deuxième tour. Peut-être venu, hein, le temps des oranges ? ! Oui, enterrer la balle à jamais ? !

Soudain crac, élections annulées, le FIS est déclaré dissous.

Stupeur nationale : de quoi, de quoi ? Toi, tu veux annuler Dieu ?

Attention, tu joues pas comme ça avec l'Algérien. Attention, te pète dans la gueule, tu sais plus comment... !?

Le FIS, désormais clandestin, les troupes prennent spontanément le maquis. Comme ça, à la sauvage.

Petit café furtif dans le matin froid et puis, ciao maman, je t'aimais beaucoup, tu sais, on se reverra au paradis. Un Coran dans la poche, et allez zou, dans la camionnette bâchée qui t'emmène au djebel, avec les copains. À la sauvage, des milliers et des milliers, chaque jour.

C'est moi qui conduis la camionnette, responsable du secteur Nord de la Mitidja. Besoin de recrues pour une grosse embuscade. Ça me fait six mois de maquis, une bonne vingtaine d'opérations, toutes réussies. Casernes, commissariats...

Plus de journaux, ni de télé, ni de radio. Juste la nature, les arbres, les crêtes, les abris, les sentiers, les lits de rivières, et Dieu.

Mais il y a les rumeurs, au village on a dit que l'instituteur a été égorgé devant ses élèves, par un gars de chez nous !

Égorgé ? Instituteur ? Élèves ?

Le dard du doute en tête j'ai vérifié. C'est vrai, au nom de Dieu !

J'en ai jeûné jusqu'au surlendemain, prostré. Quelque chose qui... Tuer des civils ?

Un jour un ami m'a dit, sors un peu, vois le pays, parle aux gens, ça va te faire du bien tu verras. Au hasard d'une mission, j'ai suivi son conseil, j'ai flâné un peu, dans des cafés, j'ai lu des journaux, vérifié les sources. Et je suis resté sans voix, devant la mer, des heures à me figurer la scène.

Plein soleil d'avril, petite école communale, la salle de classe, les frais minois des élèves, le commando qui irrupte, le couteau, la gorge de l'instituteur, le sang sur le tableau, sur un poème au mur, sur les tabliers fleuris. En ouvrant la fenêtre de mes sens j'ai vu l'atrocité de la foi quand elle perd la boule.

À coups de couteaux à coups de haches, la nouvelle conversation à l'algérienne. Premières cibles : les intellectuels et les écrivains, un par un, ça va pas non ?

Pas que ça.

Liquidés, cinéastes, musiciens, hommes d'État, médecins, avocats, pompistes, coiffeuses, retraités, caissières, gardiens de zoo, facteurs, chômeurs, imams, eh ouais c'est *inter* aussi, footballeurs, ébénistes, standardistes, cordonniers, femmes de ménage, femmes tout court, scénaristes, clowns, danseuses, président de l'Association nationale des collectionneurs de papillons.

La longue, et terriblement encore ouverte, liste :

– Tahar Djaout, écrivain, deux balles dans la tête ;

– Abderrahmane Chergou, homme politique, à coups de couteau ;

– Youcef Sebti, poète, égorgé ;

– Laadi Flici, écrivain, par balles dans son cabinet ;

– Katia, seize ans, violée, déchiquetée, décapitée ;

– Le professeur Bousebci, psychiatre, balle dans la tête ;

– Cheb Hasni, Raï Love, par balles, Oran ;

– Yasmina Drici, journaliste, égorgée, belle ;

– Said Mekbel, journaliste, par balles ;

– Hamid Mahiout, torturé, décapité, ont exposé sa tête sur un piquet dans sa cité ;

– Abdelkader Alloula, dramaturge populaire,

par balles, ainsi que Azzedinne Medjoubi, le Scapin d'Alger.

Sans parler des quotidiennes douzaines de quinzaines, de vingtaines de trentaines, de cinquantaines, de centaines de victimes. Voitures piégées, mitraillages de bus, de trains, à l'aveugle.

Quotidiennes anonymes petites gens, qui.

En rentrant du boulot, pépère, vient de changer les pneus de sa bagnole, tout content, se voir un bon film à la télé avec Bobonne. Hop rencontre deux jeunes cons, t'abordent, une longue lame froide brille, tu y crois pas, tu hurles, tu vois défiler ta jeunesse, au lycée, premières amours. Son regard de fou, le coup, la rage, et t'es plus là.

Pour absolument rien de rationnel.

Justement nous y voilà, c'est là ou je voulais en venir.

Nouvelle étape : ils ont commencé à tuer des étrangers, des moines, des bonnes sœurs, vas-y, ouais, égorge, décapite, enlève-lui le foie, mais non pas comme ça. Voilà, comme ça c'est mieux, attention, il y en a encore un là-bas derrière, oui, il essaie de se tailler, vite, vite. Bravo, tu l'as eu, trop facile, hein, vas-y coupe-lui la langue, c'est bien. Maintenant coupe-lui la tête, mais non pas avec ce canif. Quoi ? Mais abruti, regarde dans la malle de la voiture, doit bien y avoir une scie à métaux. Oui, parce que les cervicales c'est coriace, je te signale, avec ton canif tu en as pour facile deux heures. Tu vois comme c'est bien, la scie à métaux, ça glisse tout seul. En avant, en arrière, en avant en arrière, et hop, la tête, tu vois, elle tombe toute seule, propre et net. Comment ? Qu'est-ce que tu vas en faire ? Mets-la dans un sac poubelle, voilà, et tu la poses tranquille sur le seuil de chez lui ? ! Comme ça, demain matin, sa petite fille de treize ans va trouver ça avant d'aller à l'école. Et puis si elle t'emmerde, tu lui déchiquètes l'anus avec une fourchette, te prends surtout pas la tête, tu fais ça vraiment zen.

Tous les jours, tous les jours.

Oui, l'irrationnel ? Mais putain doit bien y avoir moyen de mettre du rationnel dans l'irrationnel ? Oui je sais, Descartes, Spinoza, Kant, Hegel. Deux mille ans de soliloques.

Mais...? !

Réunion extraordinaire clandestine du FIS, c'est moi qui l'ai provoquée, examiner la situation, canaliser la rébellion, mais impossible, trop tard, tout fout le camp.

Dans chaque quartier, il y a un émir, un prophète de petite tête de con de dix-sept ans, chômeur, vivant à dix-huit dans deux pièces, qui t'embrigade d'autres répliquants, facile et puis vas-y, que je t'égorge, que je te viols collectifs, viens que je te décapite la mère de ta race, allez, à genoux que je dépèce ton engeance, au nom de Dieu.

Pourtant c'est bien « Le Clément et le Miséricordieux » ?!

Non, eux c'est « Craignez son terrible châtiment »!!

Alors, on doit pas parler de la même chose, du moins… pas du même point de vue épistémophilique, mon brave !

Deux bières. Non, c'est pas là ? C'est dans le texte quand même, non ?! Oui, bon.

Là, j'ai compris ce que j'aurais dû comprendre plus tôt.

Je viens de constater, que, mathématiquement, El Hadj Moussa est bien Moussa El Hadj. Terrifiant constat.

Le culte du même, reverbéré à l'infini, le clonage à la chaîne. L'identique semblable, eh oui, le fameux Un, l'exclusif, le narcissique et paranoïaque Un. Nous y revoilà au Phallus, l'indolent père de la race. Qui dresse son insolente stature, seul face aux quatre vents.

Le cercle parfait. Une seule langue, Un seul Dieu. Un plus Un égal Un. Aucune différence avec le FLN, deux faces du même Janus. Revers et avers, deux pages de la même feuille.

J'ai commencé, douououcement, à retirer mes billes une à une, sur la pointe des pieds : non merci c'est sympa, mais je peux absolument pas rester, oui, vraiment désolé, un truc sur le feu. Oui, c'est ça, à un de ces quatre.

Après je suis rentré chez moi, recueillir ce qui reste de moi.

Surtout tirer l'immense grande chasse de tout ce mégabordel Babylonien. Une bonne douche, ça faisait si longtemps. Lave, lave moi c'te merde ! La gandoura, hop à la poubelle, ainsi que la barbe et tout le kit. Un bon coup d'after shave, et t'as un autre mec en face de toi. Qui te regarde dans ses yeux, dans la glace.

Quelques pas dans le quartier, Mouloud ne m'a presque pas reconnu, je lui ai tout expliqué, il m'a dit attends-moi une seconde. Il est vite monté chez lui, a rasé sa barbe et troqué sa gandoura contre un bel ensemble en jean et des santiags peaux de serpent.

Déambuler un peu en ville, on se fait un petit resto ? Allez, on vit qu'une fois, hein ? On se fait un petit resto, petite table, nappe rouge, lumière tamisée, bien, bien. Sépia à l'armoricaine pour moi, poulet aux olives pour lui. On peut avoir de la moutarde, chef ? Avec deux bonnes bouteilles de rouge, mm, ça te revigore la structure. Allez Mouloud cul sec, à la santé des absents.

Ensuite, quoi ? Eh ben, on a fait le tour du monde et on est rentrés sagement dormir.

Le lendemain, j'ai repris mes masques, mes langues et mes routes, dans le pays. À l'entrée d'un marché, quelqu'un me tend quelque chose, sous le manteau :

– Hé, prends ça.

C'est quoi ? Mais c'est le bon vieil œuf ?!

Oui, le quotidien, que tu roules boule, l'œuf le mot, passe à l'autre, résistance, l'œuf, oui, comme avant, doucement l'œuf, c'est ça, le mot, à l'autre, à l'autre.

Chaque brin d'alfa, chaque lit d'oued asséché, le chant, l'œuf, des oranges, le mot, roulé, parfumé, bercé par le vent, qui traversant les gorges de la Chiffa, les roseraies de Blida, les cuisses des toutes jeunes filles, le serment des oranges.

J'a remis mon ouvrage sur le métier, fils d'or et d'argent, à tisser Pénélope, des nuits entières, le grand habit de soie, celui des oranges. Haranguant les foules, j'ai compris que j'avais fondé un peuple, un très grand peuple qui me suit partout désormais.

Il y a des communistes, des homosexuels, des juifs, des cyclistes, des chrétiens, des drogués, des footballeurs, des femmes, beaucoup de femmes, des mères de famille, des putes, des imams, eh oui, des enfants, des pieds-noirs, des Noirs, des fleuristes, des arabisants, des francisants, des yougoslavisants, des chauffeurs de taxi, des fils de putes, des mécaniciens, des blonds aux yeux bleus, des crépus aux cœur d'or.

Pas compliqué, tout ce qui palpite pur, curieux et vivant.

On est tous d'accord sur une chose, la spécialité d'Albert Camus : découper la grande pastèque en tranches circulaires, et non pas en quartiers, c'est là l'astuce.

Comme ça chacun il a un peu de cœur.

Les poitrines m'ont toutes répondu : présent ! Comités d'autodéfense, milices de quartier, en finir avec le joug, avec la terreur, avec le ferme ta gueule, avec le malheur .

Comme beaucoup, je me suis enrôlé dans les forces de sécurité, je suis devenu officier Ninja, unités spéciales de combat. Alors là, maintenant on peut discuter. Le premier qui…

Ratissages, déportations, interrogatoires. Oui

je sais tu vas me dire, ça ressemble à… Mais tu peux pas comprendre, pas le temps, pas le temps, l'Algérie c'est pas la Suisse. Tu as un suspect, personne ne veut parler ? Trop facile, cent kilos de dynamite et hop rase-moi ce village, où qu'il est le problème ?

Quelqu'un a un problème ?

État d'urgence, couvre-feu, la mort est vive, quart de seconde, vipères contre cobras, t'as interêt à aiguiser ton pouvoir d'initiative. Cadavres piégés, femmes enceintes partouzées, dépecées, décapitées, jetées à même le trottoir.

C'est de ça dont je voulais te causer.

Une fois, on est rentrés dans une maison, suite à un appel de voisins. On a retrouvé un adulte décapité, et son fils de cinq ans qui essayait de recoller la tête au corps.

Si tu as déja vu ça en face clair, et que tu tiens toujours debout dans ta tête à toi, alors viens avec moi, j'ai besoin de toi.

Certains diront que je suis devenu…

Mais, qui a commencé ?

Quand ?

Des nuits et des nuits j'ai rêvé d'un pays d'oranges, où langue, religion, couleur, goûts, feraient tous le même bouquet. Celui des vrais oranges, celles d'avant. Tout le monde s'en souvient. Mais tout le monde, aussi, fait semblant que...

Quoi ? Les oranges ? Non, euh, désolé, mais, non, je vois pas...?!

Peut-être pas encore la saison ? ! De toutes façons, question fruits, je suis plutôt raisins, moi, alors...?!

Ayayaye, bande d'hypocrites, mais ça fait rien, va. Je m'occupe de tout, pas de votre faute, vous savez même plus Isabelle, M'Barka, Rosina, Camus...

Balcon

– Ah, le soleil, l'astre d'or, ses javelots filtrants.

Les lamelles du store, que j'ai réparé la semaine dernière. Oh juste besoin d'un peu d'huile, comme tout, le temps ça prend sur les choses. Tu bouges plus, tu te laisses aller, tu fais pas gaffe et hop te voilà grinçant de partout, la mécanique du charme de ton orange gèle, le cygne dans la glace, ça manquait d'huile, tout simplement.

Tous ces bateaux qui broutent placides, dans la main de la baie, la mer...

– Tu diras à tata Ouardia que c'est d'accord pour la robe, mais il faut qu'elle refasse les ourlets !!

Comment ça s'écrit hippopotame ?

Bonne odeur, là, qui monte du deuxième,

voyons voir ? Snif, snif, chien de mer en sauce, mm, délicieux, oignons et coriandre, je parie.

Zomba a sorti une chaise devant son kiosque, petit café à la main, il discute avec Hadj Omar, un ancien de l'Indochine, qui a passé trente ans en France, chauffeur de taxi. Te récite tous les ponts de Paris, dans l'ordre.

Dans la rue, le match est acharné, ceux du haut de la rue sont à égalité, avec ceux d'en bas, huit à huit, ça chauffe.

Moussa le boucher, arrose ses plantes, en regardant d'un œil ému son gros lard de fils plonger pour dévier un tir.

Tiens, débouchant du coin de la rue, costume alpaga, chemise de soie, gourmette et chevalière en or, lunettes noires, clope entre les dents. Ça, c'est Manolo, le dragueur du quartier. Le beau gosse des beaux gosses, il adore ça poser, chaque geste est étudié, on le connaît par cœur.

Manolo rentre dans le Chihab, commande un café et sort le siroter devant l'entrée, guettant le passage des filles du lycée. Il me fait signe qu'on m'attend pour la belote, je lui fais j'arrive, deux minutes, profiter encore, un peu.

Ah, il est éclatant, Manolo, il attend… les jeunettes petites proies.

Soudain, corner, un joueur shoote la boîte de conserves qui tombe dans une flaque qui.

Éclabousse.

Manolo. Tout le bas de la veste.

Ça va très vite, il tombe la veste et se met à courir en hurlant après l'auteur du méfait, c'est Slimane, l'ailier gauche de ceux d'en haut, à peine quatorze ans. Course poursuite musclée, en zigzag. Mort de peur, le gosse se réfugie chez Ramdane. Furieux, Manolo déboule dans le salon de coiffure, Jacquot affolé se met à crier :

– C'est qui ? C'est celui qui te l'a mis... qui ? Celui qui...

Les adultes raisonnent Manolo, c'est pas grave, c'est qu'un gosse, a pas fait exprès, on va te payer le dégraissage, oui, t'en fais pas, on va se cotiser. Hadj Omar est venu lui-même proposer sa contribution. Calmé, mais grommelant, Manolo, ressort, époussetant sa chemise de soie et va rejoindre son poste...

Les jeunettes...

Peu à peu, le match reprend, neuf à huit pour ceux d'en bas, plus qu'un but et c'est la fin, allez, allez. On joue aux points, dix buts la partie. Y a des paris, autour, même des adultes, faut dire que le petit Krimo, quel joyau ce joueur... Rappelle Garrincha, oui grande facture, quand il faufile la ligne de touche, haute dramaturgie, un deux trois quatre joueurs dribblés, boîte de conserve au pied. Même Manolo admire en hochant la tête.

Klaxon, c'est Kaddour, le match s'arrête deux minutes. Depuis que Kheiredinne lui a réparé son tacot, Kaddour se pavane. Serait-ce lui? La plaque de la rue?

Faut attendre la fin de l'enquête, Boualem et Mouloud. Paraît qu'ils ont un témoin, mais veut pas parler.

La semaine prochaine, il y a Roger et sa femme, qui arrivent. Des anciens pieds-noirs du quartier. C'est la troisième fois qu'ils viennent. Déjà c'est la bagarre pour les inviter, tout le monde veut les sortir. Fort de l'Eau, les brochettes, le rosé bien frais. Et vas-y que je te sors les souvenirs, et l'autre qu'est-ce qu'il devient? Tu te souviens de machin…? Bien sûr, les étoiles de mer, bien sûr, la tchatche au bon soleil, bien sûr… les sardines grillées. C'est qui?

Manolo lustre son soulier gauche avec un mouchoir en sifflotant Macias.

Ramdane chante égyptien en faisant la barbe de Kaddour qui pense moteur.

Zomba refait le compte de ses dettes, manque un truc là, pas possible?

Kader pense à sa fille, Schérézade, une bombe que le quartier bande et bave, normal, vite la caser, lui trouver un mari avant que...

Rachid se demande si c'est la première ou la deuxième séquence : un Valium, deux Mandrax, un Artane. Ou est-ce l'inverse ?

Kheiredinne mange un sandwich en diagnostiquant à l'oreille, le moteur d'un avion qui survole le quartier.

Alilou regarde l'avion et se dit putain ça serait quand même bien comme ça putain d'aller à Kingston putain de Jamaica, juste pour putain voir...

Djelloul va enlever son plâtre et il va leur montrer aux quarts de finale... on sera tous au stade, t'en fais pas Djelloul.

Moi, je me demande si Mouloud... Est-ce qu'il m'a rendu les mille balles ?

Boualem baratine Hadj Omar pour l'aider à ouvrir un magasin de photo dans le quartier. C'est l'avenir, la photo. Mais Hadj Omar regarde l'avion et pense à ses vingt ans, Pigalle, place Blanche...

M'Barka achète volontiers un parapluie électrique à Alilou qui, essaie, on sait jamais, de lui fourguer un multimédia bulgare.

Col de veste relevé, barbe de trois jours,

Camus achète deux paquets de cigarettes chez Zomba, qui lui sort son portable et qui lui explique.

En séroual et caraco noir, Isabelle Eberhardt est très troublée par le charme de Manolo, ses mains inventent des histoires.

En chantant, la brave Rosina retrousse les manches et insiste, ah oui, pour nettoyer la veste de Manolo.

L'émir Abdelkader vient de se décider, allez on y va pour deux kilos de côtes d'agneau, chez Moussa, ça sera tout merci.

La mer m'arrive toujours de face, les collines d'Alger, Bouzaréah, El Biar...

Et cette balle ?

Quand ?

Les oranges... ?

Trop de vacarme.

Attendre, que le sang sèche, comme l'encre, puis écrire, avec le vent, avec les arbres, des feuilles, des feuilles simples et splendides, pour dire le vœu, l'œuf le mot, la pastèque de Camus, le mètre cube de terre, le chant de Rosina, la grande et terriblement puissante symphonie des oranges. Celle qui, partout et nulle part, dit le cercle parfait.

Le témoin a avoué, la plaque de la rue a été

retrouvée. Le voleur c'est un gars des nouvelles cités.

Le match est fini, ceux d'en bas ont gagné, bravo les gars.

Quant à moi, je crois que je vais descendre me faire une bonne petite belote.

Les Bruits de la mémoire

Le récit que l'on vient de lire est l'œuvre d'un écrivain algérien, très peu connu en France. En Algérie, qu'il a dû quitter en janvier 1991, il avait sa place dans la vie culturelle algéroise, dans les domaines de la musique et de la littérature.

Aziz Chouaki est donc arrivé en France avant la plupart des intellectuels de la grande vague de 1993. Il l'explique : « Ayant grandi dans le même quartier depuis tout jeune, jusqu'à mon départ, je l'ai vu changer de visage, ce quartier, à mesure que l'islamisme montait. À un moment donné, je me suis mis à compter sur les doigts d'une seule main, les gens qui ne fréquentaient pas la mosquée, c'est là où je me suis dit que quelque chose était en train de changer, je sentais vraiment des poignards dans les regards, je devais représenter le diable pour eux. » Auteur d'un recueil de nouvelles, *Argo* et d'un roman, *Baya*, publiés à Alger dans les années 80, il a acquis une certaine popularité quand il collaborait au *Nouvel Hebdo* en

1990, en donnant, chaque semaine, une nouvelle où se mêlaient invention, humour et réalités quotidiennes ou fantasmées ; comme *Rire* qui met en scène l'abolition systématique du rire dans le pays ou un autre récit qui raconte une « partie » réunissant Isabelle Eberhardt, Albert Camus, l'émir Abd-El-Kader, Kateb Yacine et d'autres encore...

Depuis qu'il est en France, Aziz Chouaki a écrit plusieurs textes dont certains ont été adaptés en dramatiques par *France Culture*. C'est au début du mois de juin 1997 que le Théâtre International de langue française lui offrait l'espace de son théâtre pour jouer, trois soirs de suite, *Les Oranges*, dans une version pour le théâtre.

Les Oranges ? Pourquoi les oranges ?... Parce que l'orange, en ce jour de juillet 1830, est la dernière de la famille à expirer, après avoir confié sa mission au personnage-narrateur du récit : « À partir d'aujourd'hui, tu es désigné par le Royaume des Oranges pour établir la légende de ta race. Pour cela tu dois faire le serment, répète après moi : je jure d'enterrer à jamais cette balle le jour où tous les gens de cette terre d'Algérie s'aimeront comme s'aiment les oranges »... Le personnage se retrouve donc chargé d'une mission bien délicate : devenir une sorte d'enregistreur de la mémoire d'un peuple et de son lent parcours vers la liberté.

On voit donc que coexistent, dans le projet même, la cocasserie et l'humour, la gravité et la mémoire. C'est une fiction, branchée sur l'Histoire, mais qu'on ne peut confondre avec elle. L'écriture est nouvelle, déconcertante : elle privilégie les phrases nominales, les jeux de mots, les ruptures et les coqs-à-l'âne un peu à l'image cahotante d'un pays qui cherche ses marques. Mémoire en pointillés, mémoire pleine de bruit et de fureur, de trous et de trop-pleins, le style d'Aziz Chouaki, par l'attention qu'il requiert, oblige à constater que rien n'est simple au pays « où l'indépendance est arrivée ».

Aziz Chouaki est sûrement l'un des rares écrivains actuels à tenter – et à réussir souvent – à traduire en littérature le langage algérois fait de poésie et d'insultes, d'approximations franco-arabes et d'envolées lyriques sur la beauté du pays et des filles !... Se surajoutent toutes les références à des fonds culturels qu'on veut toujours présenter comme antinomiques. Tour à tour fable, sketch désopilant, scène stéréotypée de la vie « orientale », croquis de la vie du petit peuple algérois, tableaux tragiques de violences et de répressions, le récit est scandé par un certain nombre de leitmotiv dont deux sont particulièrement frappants et assurent un rythme insolite et tendre. Le premier est le motif de l'œuf : « Tu prends un mot, tu le jettes dans les escaliers, il roule tout seul. Comme un œuf, le mot, l'œuf quotidien, qu'on roule, boule dans ses mains, en descendant l'escalier quotidien, roule le mot, l'œuf » ; le second concerne Albert Camus dont un geste sert à dire l'Algérie de l'affectivité et de la tolérance : « ce qui fascine le plus chez lui, Albert, c'est sa manière de découper la pastèque. Au lieu de découper des quartiers, comme tout le monde, lui, non, Albert. Il prend la pastèque à bras le corps et coupe de larges tranches rondes... comme ça chacun il a un peu de cœur ».

Il faut imaginer ce texte sur scène : l'envolée des mots et des phrases, la cavalcade d'un événement à l'autre, d'un personnage à l'autre, le jeu des acteurs et des objets, le personnage remontant sur son balcon pour embrasser la baie d'Alger et la ville et nous offrir ses observations, ses plaisanteries et sa gouaille.

Son discours parle du présent vécu mais remonte aussi à la mémoire. Oh ! une mémoire de courte durée puisqu'elle ne commence qu'en 1830 ! Mais déjà ainsi, bien des faits et des interprétations nous sont livrés à travers l'évocation de militaires ou voyageurs de l'époque coloniale, de solitaires comme Isabelle Eberhardt ou d'inconnus comme S.N.P. La période des trente années d'indépendance n'est pas épargnée : elle est la cible d'une ironie mordante et d'un désespoir digne quand se racontent tant de dysfonctionnements et tant de gestes laissés suspendus... «La mer m'arrive toujours en face, les collines d'Alger, Bouzaréah, El Biar... Et cette balle ? Quand ? Les oranges... ? Trop de vacarmes. Attendre...»

En attendant... Écrire. Un récit d'aujourd'hui.

CHRISTIANE ACHOUR
BENJAMIN STORA

Repères
bio-bibliographiques

Aziz Chouaki est né en 1951 en Algérie. Il est successivement universitaire, musicien, nouvelliste dans un quotidien. En 1991, suite aux événements qui déchirent l'Algérie, Aziz Chouaki s'installe en France.

Dès 1982, Aziz Chouaki publie *Argo* (poèmes et nouvelles, éditions L'Unité, Alger), suivi de *Baya* (roman, éditions Laphomic, Alger, 1989) qui sera adapté et joué au théâtre des Amandiers, à Nanterre, en 1991. Diffusée sur France Culture, la pièce sera reprise à la Maison des cultures du Monde en 1993. Il écrit ensuite *Poussières d'Ange*, mis en scène par Mustapha Aouar, joué à Charleville-Mézière et au théâtre Jean-Vilar, à Vitry-sur-Seine. Il écrit aussi pour la radio *Fruits de mer* (vingt-quatre textes, Radio Suisse Romande, 1993) puis *Brisants de mémoire* (cinq dramatiques, France Culture, 1996). En juin 1997, Aziz Chouaki écrit et met en scène *Les Oranges* (au TILF, La Villette), enregistrée et diffusée à la Radio Suisse Romande en février 1998. La pièce sera montée par Laurent Vacher, avec Jean-Claude Leguay ; une tournée est prévue à l'automne 1998.

Mille et une nuits propose des chefs-d'œuvre pour le temps d'une attente, d'un voyage, d'une insomnie...

Dernières parutions

La Petite Collection : 184. Aziz CHOUAKI, *Les Oranges*. 185. ÉPICURE, *Lettre sur l'univers*. 186. Franz KAFKA, *Le Terrier*. 187. Arthur CONAN DOYLE, *Le Visage jaune*. 188. François VILLON, *Ballades en argot homosexuel*. 189. VOLTAIRE, *Candide ou l'Optimisme*. 190. Nicolas GOGOL, *Le Nez*. 191. Arthur SCHOPENHAUER, *L'Art d'avoir toujours raison*. 192. CASANOVA, *Le Duel*. 193. Gustave FLAUBERT, *Mémoires d'un fou*. 194. Jonathan SWIFT, *Instructions aux domestiques*. 195. OVIDE, *L'Art d'aimer*. 196. BOSSUET, *Sermon sur l'ambition*. 197. Vladimir MAÏAKOVSKI, *Un nuage en pantalon*. 198. Karl KRAUS, *Aphorismes*. 199. *La Genèse*. 201. CYRANO DE BERGERAC, *L'Autre Monde ou les États et Empires de la lune*. 202. Marcel PROUST, *Les Plaisirs et les jours*. 203. Virginia WOOLF, *À John Lehmann. Lettre à un jeune poète*. 204. Rudyard KIPLING, *Tu seras un homme, mon fils* suivi de *Lettres de guerre à son fils*. 205. Anthony BURGESS/Isaac Bashevis SINGER, *Rencontre au sommet*. Coédition ARTE Éditions. 206. John LOCKE, *Lettre sur la tolérance*. 207. Charles BAUDELAIRE, *Les Paradis artificiels*. 208. Viktor PELEVINE, *Omon Ra*. 209. Camillo BOITO, *Senso*. 210. Georges SIMENON, *Police secours ou Les Nouveaux Mystères de Paris*. 211. NOSTRADAMUS, *Les Prophéties*. 212. Vincent VAN GOGH, *Dernières Lettres*. 213. Raymond RADIGUET, *Le Diable au corps*. 214. Fiodor DOSTOÏEVSKI, *Le Joueur*. 215. LU XUN, *Tempête dans une tasse de thé*. 216. Jerome CHARYN, *Une romance*. 217. Paul GAUGUIN, *Noa Noa*.

Les Petits Libres : 15. Pierre-André TAGUIEFF, *La Couleur et le sang. Doctrines racistes à la française*. 16. Gérard GUICHETEAU, *Papon Maurice ou la continuité de l'État*. 17. Guy KONOPNICKI, *Manuel de survie au Front*. 18. Marc PERELMAN, *Le Stade barbare. La Fureur du spectacle sportif*. 19. Toni NEGRI. *Exil*. 20. François DE BERNARD, *L'Emblème démocratique*. 21. Valerie SOLANAS, *SCUM Manifesto*. 22. Shigenobu GONZALVEZ, *Guy Debord ou la beauté du négatif*. 23. Serge MOATI/Ruth ZYLBERMAN, *Le Septième Jour d'Israël... Un kibboutz en Galilée*. Coédition ARTE Éditions. 24. Georges BENSOUSSAN, *Auschwitz en héritage ? D'un bon usage de la mémoire*.

Pour chaque titre, le texte intégral, une postface,
la vie de l'auteur et une bibliographie.

Éditions Mille et une nuits 94, rue Lafayette 75010 Paris.
e-mail : info@1001nuits.com

Achevé d'imprimer en août 1998,
sur papier recyclé Ricarta-Pigna par G. Canale & C. SpA (Turin, Italie).